互联网+

大学生创业胜任力理论与实践

汤 敏 / 李 璞 / 余梦铷 / 王 昕 ◎ 编著

时事出版社
北京

图书在版编目（CIP）数据

互联网+大学生创业胜任力理论与实践/汤敏等编著.
—北京：时事出版社，2018.6
 ISBN 978-7-5195-0139-6

Ⅰ.①互… Ⅱ.①汤… Ⅲ.①大学生—创业—研究
Ⅳ.①G647.38

中国版本图书馆CIP数据核字（2018）第053039号

出 版 发 行：时事出版社
地　　　　址：北京市海淀区万寿寺甲2号
邮　　　编：100081
发 行 热 线：（010）88547590　88547591
读者服务部：（010）88547595
传　　　真：（010）88547592
电 子 邮 箱：shishichubanshe@sina.com
网　　　址：www.shishishe.com
印　　　刷：北京朝阳印刷厂有限责任公司

开本：787×1092　1/16　印张：14.5　字数：216千字
2018年6月第1版　2018年6月第1次印刷
定价：90.00元

（如有印装质量问题，请与本社发行部联系调换）

前　言

虽然我无法在时间的洪流中逆行，但欣喜于自己的心态从来都与时代保持一致。所以，当"双创"成为热潮，尤其是大学生跃跃欲试、参与其中之时，我便开始关注当下大学生创业现象。

一方面，是工作所需，我需要了解和更新自己的知识体系以贴近学生，正因如此，我和同事们常谈论的问题是微信上卖面膜的学生能走多远？因为在我看来，这种复制率极高的模式并不值得推广，尤其是在信息资源快速更新的时代。所以，我想要了解什么样的创业模式和方式更适合当下创业的大学生群体？他们如果想要保持创业企业的可持续发展，需要怎样的能力和水平，而这些能力和水平是否可以通过学校的创业体系提供给他们？另一方面，我作为一个博士研究生，在其他领域受到研究训练的敏感性刺激，更想要知道大学生创业的热情受何驱动，他们的创业道路与我们当年的有什么不同（在大学期间，我曾经萌生过创业的念头，但因种种原因未能成行，所以这个问题的回答在某种程度上算是完成当年的一个未了心愿）；支持他们克服学业压力并能做出点名堂的内在动力究竟是什么？等等。尽管这并不是我博士研究领域需要研究的问题，但如同大多数研究开始的情况一样，当开始思考这个问题，尤其是从年轻的创业者、资深的研究者们身上获得有益的启示后，这个步伐就再也停不下来。

在和小伙伴们经过热情洋溢的讨论、相互鼓舞后，我们确定并开始了可能能够回答上述问题的工作。起初，我们想把这做成一件有趣的事，而非深奥的理论叙述，设想尽可能以讲故事的方式去尝试建构新创业环境下大学生创业胜任力的相关体系，在表现形式上不同于寻常，有较为明显的理想主义气息。

现在想来，这或许是一种勇敢的创业？只不过，这种创业与我们所研究的大学生创业者们的创业胜任力问题相比，更多地是由问题驱动，是受迫切地想要把问题梳理开来、分析清楚并得出结论的想法所激励，又或者哪怕仅仅是为最后可能并没有结果的研究提供增强自我效能的鼓励。

其间，我和我的小伙伴们远赴北京、深圳这两个创业之都，面对90后创业者、80后同龄人和70后的创业者，听他们叙述创业的经历、创业之于他们成长的种种，无不让我为之动容。在他们身上，我看到的不止是创业者永远像打了鸡血一样的热情，更多的是为了实现目标的坚守与坚韧，以及一种不管成功与否都愿意与人分享、帮助他人善意与"执念"。而这种善意与"执念"的存在会影响更多人并激励我在访谈后迅速成文，想要写出一本书。再后来，当我们的一些想法触及到创业者思维，并被他们所认可，表示希望能看到这本书时，一股强大的斗志被激发出来，我告诉自己，我和我的小伙伴们一定要把这个"创业任务"完成，尽管我们明知有时间、精力和研究深入上的诸多困难。

当然，这个过程仍然是极具价值和意义的。对我个人而言，大量的学习和广泛的阅读帮助我解开了困扰自己许久的一个问题，即关于移动互联网思维究竟如何作用于大学生创业胜任力习得的路径问题。在尝试抽象移动互联网精神本质后，我试着从一个理性的旁观者角度去分析和思考这样的变化与更新会给创业者和创业企业带来什么样的作用和影响。在与我的访谈者们进行不断的"对话"中，移动互联网创业时代大学生创业者胜任力的研究方向逐渐清晰，并获得了一定的研究结果。甚至在博士研究领域遇到困难时，我也常以年轻的创业者们在瓶颈期的坚韧与执着才使他们最终获得成功为例，来鼓励自己直面挑战并继续前行。在书稿的撰写中，我的团队"小朋友们"和学生们迅速成长，他们表现出的"抗逆性"让我感叹和折服。他们中的许多人在此过程中明确了自己对此领域的后续研究方向，并已开始了进一步的研究尝试。抱着为互联网+大学生创业胜任力的研究领域提供一点点可用素材或分析问题的尝试，我们在不断的自我挑战中最终完成了本书。

作为一个战略管理专业的博士研究生，我奢望于这本书不仅完成了对感兴趣的研究问题的初步探索，如果有可能，还希望它能启发我们乃至读者对创业企业管理本身的思考。正如当下在文化创意类企业盛行的"零管理"模式一样，互联网管理思维才是延续这个时代企业竞争力的最优注解。此时被认为适合于中小型创业企业的"零管理"本质上是一种思维方式的创新，它在提升企业工作效率、降低新技术开发成本的同时，带给企业的还有团队的成长，让成员承担更多责任，拥有更加成熟的心态和能力。也许不久的将来，这种模式也同样被证明适合于成熟且卓越的国内创业企业。毕竟，类似Google这样的科技型企业已证明了企业组织设计的变革对适应环境的更新、员工赋权乃至企业成长而言有着多么强大的活力。

最后，本人能力有限，对研究问题的探索仍处于初步阶段，很多现象的思考有待进一步深入，一些想法还停留在"大胆假设"阶段。尤其是对于互联网+对大学生创业企业未来发展形态的影响，可能会极大地改变创业者胜任力的构成维度和内涵；大数据过后的人工智能也一定会对创业企业绩效产生更深层次的触动，"倒逼"大学生创业企业更快地变革组织与管理模式，从企业层面完成新的更快速的演化等问题，我们只是基于现有的资料做了尝试性分析。所以，我和我的团队成员十分期待并渴望得到专家前辈、同行、大学生创业者们的宝贵意见，以帮助我们将这本书变得更有价值。

全书的写作架构是我与博士同学靖富营在学习之余一起搭建的；核心部分得到导师李仕明教授的悉心指导，导师的战略管理思维和研究造诣鼓励启发我对问题的探究与思考；同门师兄朴义飞教授对本书的写作逻辑提供了宝贵的建议和意见；李璞教授在书稿的修改过程中提供了倾力支持；我的团队成员做了大量的基础性工作（前言、第二至六章的理论部分由王昕、石春林、汤敏完成，第三至第五章案例由余梦铷、刘晴朗、晋燕云、王成伟、周元、曾川、夏佳莉、刘泽宇、周俊池、孙琳完成），同事余梦铷、学生曾川、编辑肖书琪投入了大量时间进行统稿和校对。在书稿即将完成之际，有幸聆听了计算机领域最杰出的科学家之一 John Edward Hopcroft 教授的讲座，并幸运地得到了他对相关问题的指点，启发我做更深入的思考，最终完成本书。在此，对我的导师、博士同学、团队成员们、同门师兄们以及对本书的诞生给予了关怀和支持的前辈，表达我由衷的感谢和敬意！

汤敏

2017 年 6 月于成都理工大学

目录

第一章 /001 导论

第一节 "互联网+"特质与大学生创业的缘起 / 002
一、新经济、商业模式与创业企业新形态的诞生 / 002
二、创业企业新形态与互联网原住民的网络互动 / 003
三、大学校园"场域"内的创业者特质 / 004

第二节 "互联网+"背景下大学生创业可持续发展的近忧与远虑 / 006
一、成功创业 or 创业成功？新创企业能走多远 / 007
二、传统经营 or 成长为先？创业企业绩效选择的"两难" / 007
三、创业胜任力的习得与培养：大学创业教育形式与效果 / 008

第三节 新创业时代对话创业胜任力经典理论 / 009
一、创业领域融合式研究范式转移与大学生创业胜任力理论创新 / 009
二、创业是相对的？创业胜任力结构和特性的动态发展与自适应 / 010

第四节　基于"互联网+"背景大学生创业胜任力的实践基因 / 011
　　一、创业胜任力：新创企业创业成功与创业绩效的聚焦点 / 011
　　二、从创业者到创业企业家：创业胜任力的分享与传播 / 011
　　三、创业教育回归初衷：创业企业家诞生于创新的
　　　　环境氛围 / 012

第五节　本书的研究设计 / 013
　　一、研究对象 / 013
　　二、研究的理论框架 / 014
　　三、研究方法与资料来源 / 014

第二章 /018　理论框架："互联网+"时代与大学生创业胜任力

第一节　创业胜任力的研究现状及发展趋势 / 019
　　一、胜任力的研究现状及发展趋势 / 019
　　二、创业胜任力的研究现状及发展趋势 / 022
　　三、大学生创业胜任力的研究现状及发展趋势 / 026

第二节　"互联网+"背景下大学生创业胜任力
　　　　及其结构特征 / 031

第三节　"互联网+"背景下大学生创业胜任力
　　　　结构与创业绩效 / 034

第三章 /040　种子的诞生：初创期创业胜任力与创业绩效

第一节　初创期创业者（团队）创业胜任力结构特征 / 040

一、创业者个人创业胜任力关键要素：发现和创造机会 / 042

二、团队创业胜任力关键要素：敢拼敢闯 / 044

第二节　初创期的创业胜任力结构与创业绩效 / 045

第三节　初创期的创业实践：创业胜任力与创业绩效"曙光初见" / 046

一、创业者学习日记：创业前期积淀 / 046

二、创业案例1——关键词：知识储备和学习 / 049

三、创业案例2——关键词：创业动机的产生 / 054

四、创业案例3——关键词：市场敏感度 / 060

五、创业案例4——关键词：坚韧 / 067

六、创业案例5——关键词：轻松还是严格 / 074

七、创业案例6——关键词：融资对创业企业的意义 / 078

八、创业伙伴分享：从认同到参与 / 082

第四章 /085　青苗的成长：生存期创业胜任力与创业绩效

第一节　生存期创业者（创业团队）创业胜任力结构特征 / 086

一、创业者个人创业胜任力关键要素：弥补短板与坚持到底 / 088

二、团队创业胜任力关键要素：基于企业发展战略的核心价值观高度统一 / 089

第二节　生存期的创业胜任力结构与创业绩效 / 089

第三节　生存期创业实践：创业胜任力与创业绩效的"互助"效应 / 091

一、创业者学习日记：置之死地而后生 / 091

二、创业案例7——关键词：敢于转型的魄力 / 093

三、创业案例8——关键词：失败的滋味不只有苦 / 097

四、创业案例9——关键词：以真诚赢得认可 / 103

五、创业案例10——关键词：不可替代的品牌优势 / 108

六、创业案例11——关键词：创业者专业领域胜任力 / 115

七、创业伙伴分享：求变 / 124

第五章 /126 果实的收获：发展期创业胜任力与创业绩效

第一节 发展期创业者（团队）创业胜任力结构特征 / 126

一、创业者个人创业胜任力关键要素：领袖气质的淬炼与
创业者影响力的形成 / 131

二、团队创业胜任力关键要素：联盟与跨界创新
产生的"累积"效应 / 131

第二节 发展期的创业胜任力结构与创业绩效 / 133

第三节 发展期创业实践：创业胜任力与创业绩效的
"扩散衍生"效应 / 136

一、创业者学习日记：汇聚成长力量，青年创业者联盟 / 136

二、创业案例12——关键词：互助与责任 / 137

三、创业案例13——关键词：战略联盟 / 144

四、创业伙伴分享：领袖魅力 / 149

第六章 /152 新生态雏形：智能时代开启创业新格局

第一节 "交互"的市场或许是另一个新的创业蓝海 / 152

第二节 "深度创业"高胜任力水平者赢得时代 / 154

第三节 "创新与演化"重新定义的未来，下一个 BAT
或许已经诞生 / 155

附 录

/158

创业者访谈实录 1 / 158

创业者访谈实录 2 / 167

创业者访谈实录 3 / 183

创业者访谈实录 4 / 194

创业者访谈实录 5 / 199

创业者访谈实录 6 / 204

参考文献 / 207

第一章

导论

在描述"互联网+"的众多特质中，关于其引领新经济范式和带动创新创业的描述十分突出。新经济范式必然产生新的商业模式。正如彼得·德鲁克所言，"当今企业之间的竞争，不是产品之间的竞争，而是商业模式之间的竞争"。而新的商业模式往往诞生于技术革命，在技术与经济范式迭代衍生的过程中自然孕育出更多的市场机会。我国改革开放以来，各次创业热潮均带动了经济增长。每次创业热潮在产生创业先锋为社会累积大量财富的同时，总能为推进社会进步和企业组织领域贡献精辟的管理理论和实践创新成果。

与以往的自主创业不同，新经济背景下的自主创业带来了与创业企业相关的一系列深刻变革。当互联网成为人们生产、生活的密不可分的有机部分，大数据时代的方法论已然对创业者思维产生了深刻影响，并由思维模式引发了一系列的想法和行为变化。对于机会型创业者，在把握互联网连接世界的属性和共享经济的创业模式、积极创新创业的同时，还应理性审视新创业环境产生的新方法论，才能引导创业企业走向持续发展的未来。

"互联网+"在新的时代背景下，其引发的创新创业热潮特征、内在驱动力必然不同于之前，传统创业领域研究的理论背景和适应性在新的创业时代遭遇挑战。新的创业环境下，大学生创业者成为机会型创业者的主体，如何引导这群年轻的创业者理性创业，尽可能地减少和规避创业的负面因素影响及风险？

由于创业胜任力相关研究已非常成熟，且国内外学者对大学生创业胜任力研究也有相当丰硕的成果，本书不局限于创业领域中关于大学生创业胜任力的文献梳理，而是根据大学生新创企业发展实际，试着分析并回答在大学生创业实践和创业教育管理中所提出的上述问题。通过提炼大学生创业胜任力研究的发展脉络、主题演化，抽象出新的创业环境（"互联网+"创业背景）下大学生创业胜任力的时代特征及其发展趋势，分析是否可以通过教育、实践的方式将上述稳定性的特质（特征）让更多的人习得及推广开来，以期给正在创业的大学生创业者（团队）、准备创业的创业者们提供可资借鉴的参考。

书中借鉴移动互联网时代对创业企业类型的划分方式，将新的创业环境下大学生创业企业分为"新兴产业互联网创业企业"和"传统产业互联网化转型企业"两种（王一涛等，2013）；以互联网创业成功企业（如 Google、阿里巴巴等）为参照，将新的创业环境下大学生创业企业分为创立、成长到发展三个阶段；以经典创业胜任力理论模型为基础，对标"互联网+"大学生创业企业的创业者（团队）完成创业任务所需的胜任力特征，从经营性绩效、成长性绩效两个维度构建大学生创业企业的创业绩效内涵，形成针对"互联网+"这个特定情境下的大学生创业胜任力的研究理论框架；最后，根据大学生创业企业发展阶段，提炼出研究对象表现出的整体胜任力特征，并结合不同阶段的创业任务开展案例研究，验证了基于新创企业生命周期的大学生创业者（团队）胜任力及创业绩效演进式发展的研究结论。

第一节 "互联网+"特质与大学生创业的缘起

一、新经济、商业模式与创业企业新形态的诞生

经济发展的本质是技术的不断创新和产业的不断升级（林毅夫，2013）。[①] 2013 年，习近平总书记在中央经济工作会议上提出"新常态"，

[①] 林毅夫："政府与市场的关系"，《中国高校社会科学》2014 年 1 期，第 4—5 页。

对国内经济发展形势做出前瞻性的战略判断,定位中国经济发展必须走转型升级的道路。继李克强总理在 2016 年政府报告中首次提出"新经济"概念后,以创新超越、主动调试为特征的新经济展现出强大的生命力。中国经济研究院院长白津夫在"以新经济引领新常态"的主题发言中指出,新经济是最具成长力和增长力的经济,能够弥合地区差异,带动经济转型升级,实现可持续和协同发展。①

回顾人类发展的近现代史,以工业革命为序幕拉开的文明进程,依靠资本原始积累和工业化生产聚集了大量社会财富,奠定了供给决定需求的商业模式。步入信息时代,产业链与 IT 技术乃至行业的深度融合,消费者获取信息来源的渠道和资源路径多样化,生产厂家与消费者间的信息壁垒被打通,在市场饱和度极高的情况下,基于网络"反向定制"的消费者群体力量逐渐改变了传统商业模式,甚至在越来越广泛的领域成为决定性力量(吴军,2016)。

当互联网技术特征(开放式、分布式、对等性)映射到组织管理中,颠覆了传统"科层制"组织结构,组织边界变得模糊,组织结构形态表现出演化模式下的"自组织"适应特征,② 正日益被众多创业企业推崇的"零管理"模式正是这种自组织演化结构的现实运用。在这种组织模式内,没有上、下层级之分,企业成为由同一价值观驱动的行为自觉者的集合,每个人都是集合内的"有机元素",他们与组织的关系不是雇佣者与被雇佣者的关系,而是演变为基于共同成长的"联盟"关系,联盟内成员热衷于寻找工作本身的动力和带给他们的成长,在个人成长的同时,组织获得的往往是超出预期的收益。

二、创业企业新形态与互联网原住民的网络互动

根据 2017 年 1 月 22 日中国互联网信息中心(CNNIC)公布的互联网

---

① 张瑞杰:"专家聚焦新经济:只有新经济才能强中国",《中国经济周刊》2015 年第 13 期,第 40—45 页。

② 阿里研究院:《互联网+从 IT 到 DT》,机械工业出版社 2015 年版。

发展统计报告数据，①截至 2016 年 12 月，我国网民规模达 7.31 亿。在年龄结构上，以 10—39 岁群体为主，占整体网民数量的 73.7%，互联网用户年轻化趋势明显，其中 20—29 岁年龄段的网民占比最高，达 30.3%；在职业结构上，学生群体规模最大，占比 25.0%。

以 90 后为主体的大学生群体出生的时代恰为中国互联网高速发展时期，网络的发展伴随并影响他们成长，他们具备较强的自主意识，自我表达需求较 80 后更为突出（魏莉莉，2016），是互联网上最为活跃的群体（施芸清等，2014），被称为"互联网原住民"。

由于互联网的时代精神里充满着创新和创业基因，在互联网运用的创业项目开发中，用户参与创新成为企业创新的重要路径（胡贝贝等，2015）。企业需要设计和推出具备高互动性、体验性和娱乐性，有创意且不断更新迭代的产品与服务才能把握住未来市场。基于网络平台的全球化用户参与，谷歌在全球业务扩张路径中通过招募志愿者翻译当地文字、推出 Map Maker 地图制作工具等吸引网络创意和改进产品的做法，创造了数字化产品"交付—迭代"的新生产—营销模式，充分验证了网络原住民们强大的创新能力。国内的移动支付、共享单车等新的服务业态正是在这样的背景下应用和发展起来，前者定位于"便民、快捷"的服务理念，后者提倡"健康、环保"的出行方式，这些网络时代创业精神的产物推动国内互联网+产业发展形成惊人的"后发优势"，其全球领先水平甚至令发达国家为之侧目。

三、大学校园"场域"内的创业者特质

成立于斯坦福大学的 SRI 研究中心②是计算机网络时代创新研究的先驱者，美国国防部最早建立的 ARPANET 网络节点之一就在 SRI。无论是微软、苹果等全球科技领军企业的创立，还是 Snapchat 等社交平台的诞生，

---

① 郝丽阳："中国网民规模达 7.31 亿，与欧洲人口总量相当"，http：//www.cnnic.cn/hlwfzyj/fxszl/fxswz/201701/t20170122_66457.html。

② 研究所由斯坦福大学在 1946 年创立，现从斯坦福大学分离，但仍主要专注于技术研发。

大学校园要么成为创业者完成从灵感涌现到平台搭建的"从0到1"的发源地，要么成为创业企业扩张，培育数据资源开发和平台搭建的算法工程师、架构工程师等专业化研究和技术开发人员的孵化园，为互联网从普及到移动互联网格局显现，再到大数据乃至人工智能的转变培育了一大批具有远见卓识的创业精英。

创新工场创始人李开复博士在哥伦比亚大学求学期间挑战"图灵奖"的经历开启了他从事人工智能（AI）的研究之路。凭借对语音识别研究的实质性贡献，李开复博士成为人工智能发展史上的重要人物。之后，李开复博士创立微软亚洲研究院，并由此拉开中国AI创业的序幕。① 大学校园为"技术—经济"新范式的产生提供了现实培育的土壤，不仅提供涵盖新技术创造的试验场，搭建"产—学—研"合作平台，从而成为创新网络形成的关键节点，还肩负培养技术人才、管理者及经营者的重任。如斯坦福大学不仅培养了惠普、Google、雅虎等技术公司创始人，而且耐克公司创始人和GAP公司共同创始人也出自该校。② 可以说，斯坦福的发展见证了硅谷的奇迹，而以其为代表的大学校园已然成为创新驱动网络的现实"场域"。③

我国大学生创业活动兴起十多年来，专家、学者对大学生创业者特质、能力等进行了多视角的研究。这些研究的共同之处，是将大学校园"场域"内的大学生创业者普遍存在的创业特质概括为人格特质和能力素质两大方面。随着对大学生创业者和新的创业环境下创业主体创新能力研究的深入，企业家的胜任力及其特征开始引起大家的关注。相关领域最新研究成果表明，企业家特质直接影响大学生创业倾向和行为选择;④ 以自

---

① 李开复、王咏刚：《人工智能》，文化发展出版社2017年版。
② 吴军：《硅谷之谜》，人民邮电出版社2016年版。
③ 场域（field）的概念由法国社会学代表人物皮埃尔·布尔迪厄在20世纪70年代提出，他认为每个"场域"都以一个市场为纽带，将其中象征性商品的生产者和消费者联结起来，形成人际交往的环境氛围，提供社会发展的支持功能，链接社会大众的生产和生活。
④ 徐占东、陈文娟："大学生创业特质、创业动机及新创企业成长关系研究"，《科技进步与对策》2017年第2期，第51—57页。

我效能、成就性、内控性和创新性为构成维度的大学生创业者特质通过创业动机间接影响创业企业成长绩效。[1]

第二节 "互联网+"背景下大学生创业可持续发展的近忧与远虑

新的创业时代给大学生创业者们和创业团队提供了前所未有的机会。富有创业激情和创意头脑的90后大学生创业者成为创业大军中冉冉升起的新生力量，他们具备创业新生力量共有的创意、勇气和行动力，拥有与生俱来的互联网原住民的思维模式，因而在创业过程中自然地展现开放、共享的互联网基因，搭建起创业者联盟等新型创业平台，为"互联网+"背景下大学生创业提供了激励榜样和行动蓝本。

创业者和团队数量剧增说明了创业环境带给创业者的正向激励与促进。但作为创业教育的管理和实践者，在创业者数量与质量的协同发展问题上，应清楚地看到大学生创业成功率较低的现实困境。据本项目研究团队调研，多数准备创业的在校大学生把创业想得很简单，尤其是"互联网+"背景下创业门槛被大幅降低后，大多数学生认为创业就是一年开业、两年融资、三年上市，甚至有大学生创业者认为每个投资都会成功。然而实际上从无到有、从0到1，从成功组建公司到创业企业生存和发展，创业企业经历的每一步都非常艰难。相较于这些还处于准备期的大学生同龄人，处于初创阶段的大学生创业者对创业行为和选择的认知就理性得多，他们认为成功创建公司，仅仅能够称得上成功创业，还远不能称为创业成功，认识到创业企业发展需要团队持续努力。

当然，成功的标准各不相同，每个创业者、创业团队定义的成功也不尽一致。"互联网+"在提供创业机会的同时，实际上对创业者和团队本身的创业胜任力要求更高，因为无论是新的商业模式还是技术创业本质都

---

[1] 张昊民、董晓琳、马君："双创背景下个体成就目标导向对创业倾向及新创企业创新能力的影响"，《科技进步与对策》2017年第6期，第97—102页。

是基于创新的创业。而成为能够影响社会和行业领域发展的创业企业家，为更多的创业者提供发展的空间，帮助创业者搭建创业联盟，构建创业企业生态圈，应是大学生创业者（团队）孜孜以求的追求目标。

一、成功创业 or 创业成功？新创企业能走多远

从成功创业到创业成功，其间经历展现出创业者及其团队与企业内、外生态系统动态反馈的能力，呈现出创业企业可持续发展水平的变化。在这持续发展和动态反馈的过程中，往往产生出卓有成效的管理模式、创新模式（如助力 Google 的高效增长 OKR① 管理、阿里巴巴的"云计算"等）。

与创业企业从创业伊始走向成功的经历类似，大学生创业同样是一个长期动态且充满挑战、自适应的过程。据清华经管学院中国创业研究中心发布的《全球创业观察（2015/2016）中国报告》显示，中国新创企业活动指数为 12.8%，超过传统驱动创新型的英美发达国家，创业活动中青年主体占到 41.67%。② 尽管我国青年人创业活跃度处于较为领先水平，但国内新创企业的创业质量并没有交出令人满意的答卷，产品和市场创新能力仍较大幅度地落后于发达国家。

二、传统经营 or 成长为先？创业企业绩效选择的"两难"

创业是创业者发现商业机会并将其转化为商业价值产生利润的过程（王莹，2012）。相较于传统创业过程追求经济和社会效益的模式，当下的创业者还看重创业过程的"附加值"——创业者（团队）自我成长，并将其作为创业企业绩效评价的重要内容。

与这些创业者相比，刚刚创业的新创大学生企业在面对利润和成长之时很难做到"两全其美"。没有风险投资，短期内不盈利的创业企业很难

---

① 企业设定目标的工作方法，O 为目标，KR 为关键结果，强调目标与行动的关键性。
② "清华经管学院中国创业研究中心发布《全球创业观察中国报告（2015/2016）》"，http://www.sem.tsinghua.edu.cn/news/xyywcn/5449.html。

维系日常经营。生存的现实压力迫使大学生在创业初期选择传统绩效评价模式，即以经营指标的增长作为衡量新创企业发展的重要标准。社交网络平台兴起之初，朋友圈里大学生卖面膜一夜暴富的例子正是如此。类似模式因为对技术和产品要求不高，极易被竞争者复制，难以确保企业绩效长期稳定和持续增长。相较而言，以技术运用或数据资源开发（用户行为和数据的分析与应用）为成长性战略的新兴创业企业，根据市场反馈随时迭代的创新意识来完善产品和服务的企业，在互联网创业时代同阶段的企业竞争中发展进阶的速度通常更快。

三、创业胜任力的习得与培养：大学创业教育形式与效果

2002年，教育部高教司在我国高校首开创业教育先河。借鉴国外高校创业教育经验，清华大学、中国人民大学、西安交通大学等9所高校被选择作为试点。[①] 由共青团中央、全国青联与国际劳工组织合作开展的大学生创业教育项目《大学KAB创业教育》课程也在近百所高校开设；[②] 以"挑战杯"全国大学生创业计划竞赛为典型代表的各类大学生创业竞赛激起大学生广泛参与创业的热情。

结合我国大学生创业胜任力培养的实践情况，大学创业教育及与之相关的实践类训练课程、活动仍是大学生创业者培养创业胜任力的主要途径。"双创"启动以来，高校中开展创业活动、成立创业社团的比例分别为70.4%、66.7%。[③] 但总的来说，在创业教育的理论研究、课程优化、师资水平、实践平台等方面还有待加强。在GEM全球创业报告（2016/2017）对创业生态系统的12个要素评价中，国内高校创业教育效果不足（在总分9分中得分3.29，在66个参评主体中排26位）。

课程建设方面，多为通识类别的选修课，缺少跨专业融合理论体系建

[①] 左文敬："吉林省高校创业教育的模式研究"，《中国大学生就业》2015年第19期，第54—58页。

[②] 夏人青、罗志敏："论高校人才培养框架下的创业教育目标——兼论高校创业教育课程的设置"，《复旦教育论坛》2010年第6期，第56—60页。

[③] 李维安："包容性创新教育与绿色治理"，《南开管理评论》2017年第2期，第1页。

设的前沿设计，课程内容和授课形式不规范（王春雅等，2017）；理论教学与实践创新之间缺少融通渠道，教育与创业孵化脱节，注重短期评价，缺乏对创业者发展的长期关注（姜伟，2017）。普遍重视和关注创业的技巧和方法的传授，对创业本质的认知不透、讲解不深（王艳，2017），影响创新创业教育质量和未来发展的可持续性。另据李明章等（2011）对国内875位创业大学生创业胜任力实证分析的结果显示，国内创业教育系统设计不规范、缺乏市场导向等问题突出，建议通过与企业建立战略合作等方式提高创业胜任力教育的针对性和实效性。

以"创新工场"为代表的国内顶尖创业训练和培育机构已与国内部分高校开展合作，为大学生创业者胜任力培养提供了国际领先的管理理念和训练模式，但类似的培养方式全面推广到国内所有高校，尤其是普通高校还需要较长时间。回归创业实践的创业教育不是简单地对课程教育体系进行修补，应是从受教育对象的创业胜任力水平出发，进行系统设计。[①]

第三节 新创业时代对话创业胜任力经典理论

基于工业时代高度确定的传统创业企业组织、文化和管理模式均不同程度滞后于新的经济环境和创业时代要求。新创业时代需要创业者对经典创业模式和创业理论有深入的了解和认识，更需要创业者结合时代背景，清晰地剖析所处行业背景发展的规律，不断引导创业企业调整、适应经济发展形势，逐步探索和构建属于这个创业时代新的胜任力模式。

一、创业领域融合式研究范式转移与大学生创业胜任力理论创新

根据国外创业领域研究的发展过程，[②] 创业研究从主体、过程和环境领域分别开展的要素研究日趋成熟后，即转入前述三要素的融合式研究。

[①] 郭玉娟、王经忠："基于创业胜任力的创业教育改进"，《中国高等教育》2016年第11期，第49—51页。

[②] 木志荣："国外创业研究综述及分析"，《中国经济问题》2007年第6期，第53—62页。

此类研究范式的转移为"互联网+"背景下大学生创业者、创业机会、创业模式、创业企业绩效等领域的交叉研究可能形成新的研究方向提供了指引。

在传统的创业领域中，研究者通常采用调查问卷等研究方法对创业者或企业样本开展相关研究。但由于创业是一个高度动态的活动过程，统计分析对研究复杂环境的动态问题存在一定局限性。傅颖等（2017）基于对国际创业与管理类顶级期刊刊载文章的分析认为，近年来的社会创业研究取得重大进展。随着创业研究的深入，新创业环境下的创业研究可能产生聚焦于创业主体、新创企业的成长经营、创业环境因素、信息资源的收集整合等综合性影响因素的研究。研究范式的转移和领域交叉可能带来对创业者成功创业和创业成功间动态性、复杂性过程更为深刻的描述，甚至可能深入到对新的创业背景下创业胜任力以何种路径影响创业者的作用机理的研究。

二、创业是相对的？创业胜任力结构和特性的动态发展与自适应

创业的本质是创新性的活动，而创新本身就是追求极致的过程。从成功创业到创业成功的历程验证了创业过程的相对性观点。因此，"双创"背景下的创业，特别是基于创新的创业，更应体现出胜任力结构特征的动态发展以及与创业环境和创业企业系统内外要素的"自适应"特征。

创业胜任力被公认为是一种高层次的特征，它受到创业主体的知识水平、经验、教育以及家庭背景的影响。[①] 在不同阶段创业者所需的创业胜任力的特征也有所差异（冯华等，2005）。既然大量实证和案例研究均一致将创业胜任力作为识别成功创业者所具有的特征，那么创业胜任力对创业绩效一定有显著影响。但创业胜任力维度并不是全来自于创业者"先天基因"，部分关键性胜任力可以通过后天的学习进行培养、强化和提高。因此，根据新创企业发展的阶段创业任务需求对创业者进行培训，就有可

---

① Bird B. J, The operation of intentions in time: The emergence of the new venture. Entrepreneurship Theory & Practice, 1992, 17 (1): 11-20.

能较好提高他们的创业胜任力，并显著提升创业企业绩效。

第四节　基于"互联网+"背景大学生创业胜任力的实践基因

一、创业胜任力：新创企业创业成功与创业绩效的聚焦点

新创企业从成功创业①到创业成功②，发展和成熟的过程依赖于创业者和创业团队胜任力水平。其中，创业者个人能力影响企业发展战略计划制定、创业企业组织结构构成以及企业的核心价值观形成。而要使初创企业走上可持续发展道路，创业团队需要在考虑创业企业外部环境等要素的基础上，根据环境的动态性以及行业的竞争变化做出适宜反应，这对创业者和团队在创业过程中胜任力的发展提出了持续成长的要求。

二、从创业者到创业企业家：创业胜任力的分享与传播

互联网创业热潮在全球范围内持续高涨，马云等优秀创业者抓住时代给予他们的机会，将创业的梦想变为现实，为推动社会的进步和发展创造了巨大的财富，传递了创业者精神的正能量，成为众多年轻创业者争相效仿的典范。从创业者到创业企业家，创业胜任力的内涵和外延已有显著变化。

剑桥大学心理学家曾与创业公司联合组织了面向3—10年创业者的调研，收集了2000余位创业者数据进行"成功创业者心理研究"分析，并用统计分析方法比较在此期间成功创业者与非成功创业者间的素质差异。结果显示，成功创业者在企业家精神和核心能力方面拥有一些突出的共同因素，正是这些核心元素决定了创业者的成功（参见图1—1、图1—2）。③

---

① 陆伟家、褚金星、袁小平："大学生成功创业的行为训练模式研究"，《教育评论》2014年第2期，第97—99页。

② 陈建安、陈瑞、陶雅："创业成功界定与测量前沿探析及未来展望"，《外国经济与管理》2014年第8期，第3—13页。

③ 苏德中："解密成功创业者"，《哈佛评论》2016年第8期，第22—23页。

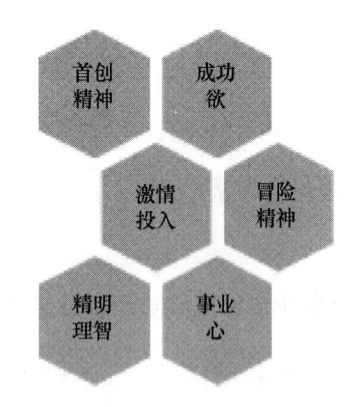

图1—1　成功创业者企业家精神6元素

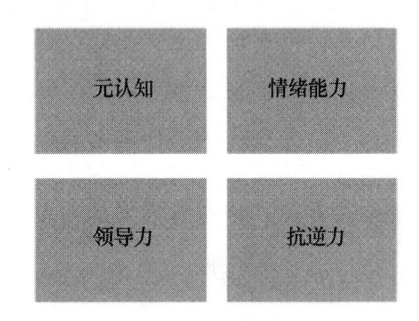

（首创精神、成功欲、激情投入、冒险精神、精明理智、事业心）

图1—2　创业成功者4种核心能力

（元认知、情绪能力、领导力、抗逆力）

无论是成功创业者的企业家精神还是创业成功者的核心能力，实质都是创业胜任力在不同阶段发展内涵的集中概括。创业者成为创业企业家，完成这样的角色转变必将经历一个漫长和艰辛的过程。相较于大学生创业者，创业企业家的创业思维和创业行动更加成熟和理性。他们不仅具备较为完善的经营管理能力，在行业领域的"精深运营"甚至会带来时代和行业的深刻变革。凭借独有的魅力，创业企业家正在传播创业者的"梦想种子"，为更多的创业者提供成长的机会，并帮助和影响他们的成长。

三、创业教育回归初衷：创业企业家诞生于创新的环境氛围

早在1989年，联合国召开的"面向21世纪教育国际研讨会"就提出了"事业心和开拓技能教育"的概念，后被称为"创业教育"。狭义的创

业教育指培养创业者在创业过程中所需要的知识、能力、精神以及进行实践活动所需要的教育；而广义的创业教育指培养具有开创性的个人，不仅需要有独特的创业能力和冒险精神等，还要有独立的工作能力、社会交往能力和管理技能。① 从创业教育的归属和价值来看，其初衷应基于广义层面提高大学生创新意识和创业能力。

依托创业活动，大学生创业企业在高度活跃的创新环境中，获取企业发展的市场资源，拓宽发展路径，推动企业的可持续发展。创业者在创业活动中保持旺盛的创新精神和创业意识，才能产生源源不断的新想法和新模式，持续的创新能力是推动创业企业不断发展的前进动力。

新的创业时代商业模式被复制的频率越来越快，大学生创业者思维模式和反应速度决定了新创企业是否能通过激烈的市场竞争存活下来。与此同时，大学生创业的质量提升取决于创业者和团队的创新思维及能力水平，二者汇聚的焦点为创业者思维。因此，高校创业教育的目的和初衷应是基于创新思维的培养和创造意识的熏陶，完备创业知识体系，在此基础上训练和提升创业者的创业能力及水平。

第五节　本书的研究设计

一、研究对象

作为创业主体，本书界定的大学生创业者群体主要由两部分构成：其一为在校生创业者（含研究生在读）；其二为毕业后5年内创业的大学生创业者。②

根据调研获取的大学生创业企业业务和发展形态，参照最新产业创业胜任力研究成果对产业形态的划分，本书将大学生创业企业分为新兴产业

---

① 王贤国：《大学生创业教育教程》，辽宁师范大学出版社2006年版。
② 选择毕业5年作为时间节点是源于"双创"背景下，国内大多数省份对大学生创新创业扶持政策规定的毕业生创业项目资助年限为毕业后5年内。

互联网创业型企业、传统产业互联网化转型企业两种。二者的主要区别在于互联网（技术、理念）对企业发展和价值创造的影响程度。前者突出以商业模式创新和技术创新为新创企业的代表性特征，强调从价值创造的方式、企业管理模式等企业运营及管理的各方面均与互联网精神高度契合；后者业务形态通常属于传统创业领域，互联网对企业发展而言起到的是工具作用。

二、研究的理论框架

按照创业企业发展历程（初创期、生存期、成长期），[①] 以创业成功为归属，将新创业环境下大学生创业胜任力的研究理论框架从创业者个人胜任力和团队胜任力两个层次展开，落脚于对大学生创业胜任力结构和关键要素的研究。创业绩效方面，突出大学生创业企业成长、演化的过程特点，以创业企业成长绩效和经营性绩效为线索，展开对应创业阶段胜任力水平下的创业绩效分析，研究的理论框架形成过程详见第二章。

三、研究方法与资料来源

（一）研究方法

关于创业胜任力的研究有多种常用方法（详见第二章），考虑到本书提出的理论背景和框架尚属新生事物，理论研究和实践分析应属于"探索式"研究范畴。为确保研究结论的可靠性，本书采用多种研究方法和多样化的资料来源，以确保理论构建和资料分析的严谨性。

1. 文献研究法

作为组织和管理领域的经典研究问题，国内外专家学者关于胜任力的研究已经产生了丰硕成果，较为成熟的研究方法和实践可为本书的研究提

---

① 国内外不同学者对企业生命周期划分结果不同。普遍的划分周期为：初创期、成长期、成熟期、衰退期。由于移动互联网时代大学生创业的企业在初创期内淘汰率高，为便于细化比较和分析此背景下大学生创业企业渡过生存期的胜任力演化过程，将创业企业生命周期划分为初创期、生存期和成长期。

供丰富的经验和有益借鉴。梳理胜任力的研究发展历程，提炼创业胜任力的研究本质，厘清研究思路是开展研究的第一步。

2. 元分析（meta）

国内外学者针对企业创业团队结构特征和创业绩效开展了大量研究并取得了较多成果，但针对新创企业团队结构与创业绩效开展的研究还处于兴起当中。元分析（meta）是在文献研究的基础上，对相关研究文献进行量化分析，以获得不同研究者对问题的普遍共识。研究选取了1995—2016年间发表于高水平期刊中的关于新创企业创业团队结构特征与创业企业绩效的高被引文章作为研究分析的对象，通过meta分析获得关于新创企业创业团队胜任力结构要素与新创企业绩效关系的初步认识。

3. 问卷调研

在新创业背景下，大学生创业热潮涌动已成为大众共识。但从直观感受到理论研究需要数据支持和逻辑论证。为帮助研究团队更好地认识大学生创业热潮的现象，研究团队开展了问卷调研，获得了关于大学生创业者（团队）对创业问题的基本看法、大学生创业企业初创期面临的主要问题。

4. 访谈法

请专家就"互联网+"大学生创业热潮进行分析，为提炼大学生创业胜任力关键要素提供建议，对面向未来情景的创业者和团队胜任力界定关键因素，进行阶段化划分；创业者（团队）深度访谈，请他们详细描述创业发展过程，了解他们在创业过程中的关键事件及其对创业者（团队）的影响，评价在创业过程中创业者自身和企业的发展情况，描述对未来的规划。

尽管本书没有对大学生创业者（团队）的胜任力结构特征与创业绩效进行数据验证，但研究设计是基于国内外有关创业领域研究成果的系统性梳理，遵循严格、规范的研究要求，按照研究目的和阶段采取与之相适宜的研究方法，一定程度上能较为清晰地刻画出新创业时代大学生创业胜任力及其创业企业绩效特征。

研究的技术路线见图1—3：

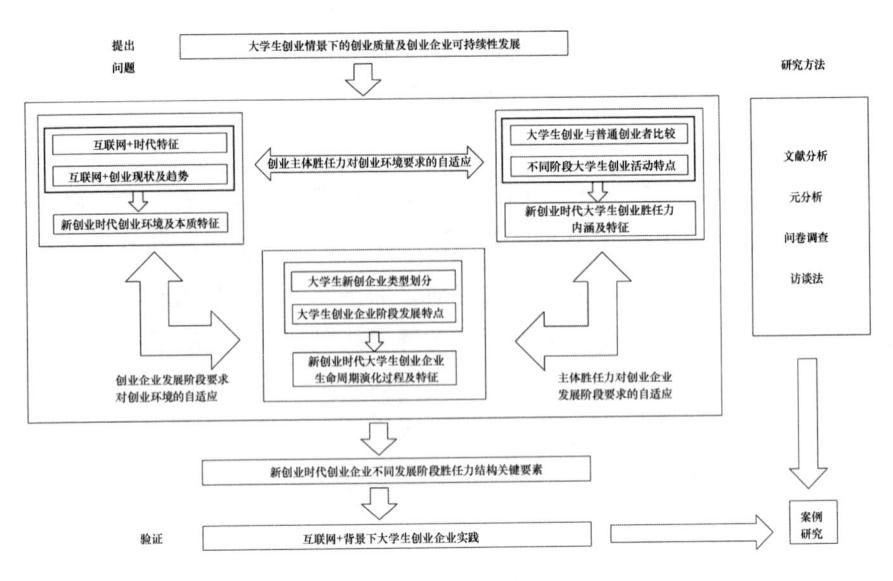

图1—3 研究的技术路线图

（一）资料来源

1. 相关领域文献、专著等资料

2015年1—7月，研究团队系统地梳理创业研究领域、创业胜任力研究领域、大学生创业胜任力研究领域的经典理论和最新研究成果，为本书的写作提供了理论框架。阅读和分析"互联网+"创业领域的最新力作，特别是来自前沿领域的专家、学者的专著，为研究团队提炼研究问题提供了很好的借鉴。

2. 与创业研究及教育领域学者等的对话与访谈

2015年8月，利用暑期充裕的放假时间，研究团队向11位长期从事创业领域研究的学者、创业教育的高校教育、管理者、创业服务机构的负责人进行了咨询，倾听他们对于当下创业教育、大学生创业企业管理的相关问题与对策、建议。

3. 面向大学生创业者（团队）的问卷调查

2015年9—10月，研究团队在成都理工大学、成都电子科技大学面向创业学生团队进行了问卷调研,发放问卷 200 份,回收有效问卷 164 份。经过问卷数据的分析,研究团队获得了关于研究问题的进一步认识和思考。

4. 面向大学生创业者(团队)的访谈资料

2015 年 11 月至 2016 年 12 月,研究团队在成都龙潭工业园等地对 12 个创业学生(团队)进行了面对面采访;2015 年 12 月至 2016 年 9 月,团队远赴北京、深圳等国内创业之都,与创业者们开展了深入、友好的交流,并获得了创业者们的大力支持,他们为研究提供了丰富且详实的第一手资料。在写作的过程中,团队也保持与访谈者的交流,请他们就写作的情况进行反馈,书中所提及的相关数据及内容均获得访谈者的认可。

5. 其他补充的资料来源

在书稿写作的过程中,团队获得了持续的支持。这些支持来自于专家、学者对相关问题的持续性建议,特别是对"互联网+"发展趋势的前瞻性分析与预测;来自创业学生团队在创业过程中的积极反馈与互动等,均为书稿的后续完善和从更前沿的视角理解研究问题提供了有益的帮助。

第二章

理论框架:"互联网+"时代与大学生创业胜任力

据《全球创业观察2015/2016中国报告》显示,青年占创业者比例的41.67%,成为中国创业活动的主体;64.29%的创业者为机会型创业者。在全国网络创业就业总量的逾千万人中,80后、90后的青年群体成为创业的绝对主体,其中大学生网络创业人数达到600多万。① 对这些青年人而言,创业已不再是单纯地解决生计和就业,而是一种新的生活方式。大数据调查显示,在被誉为"最好的创业时代",刚毕业的大学生、在校大学生分别为最想创业的人群分布的第一、二名,活跃度非常高。② 这意味着当"互联网+"广泛渗透到经济产业和社会生活的各领域,就会促使现有市场进一步细分、深化,引发的制造、商业等领域的变革对大学生创业具有显著的引领作用(薛志谦,2017)。属于"网络原住民"的90后大学生对网络感知的能力整体优于传统创业者,受到创业环境、创业者创业认知与网络的"共生"关系影响更为密切,具有互联网创业的"天然优势"。

---

① 吴浣:"互联网创业时代的南昌80后、90后",http://news.china.com.cn/live/2015-09/12/content_34232312.htm。
② 央视新闻:"中国迎来创业时代",http://m.news.cntv.cn/2015/03/07/ARTI1425686827463695.shtml。

但应当看到的是，从创业领域和发展质量水平分析，国内创业高附加值的商业服务业（如信息通信、金融、专业服务等）创业比例仅为8.2%，显著低于发达国家英国（35.49%）、美国（32.79%）、法国（31.42%）、德国（26.89%）的商业服务业创业比例。[①] 作为创业大潮的生力军，大学生创业能力与创业质量不仅关系到创业企业生存和发展的道路选择，更关系到国家创新驱动发展战略的实施和发展水平（李亚员，2017）。从全国范围来看，真正创业成功的大学生比率并不高，多数大学生创业企业止步于"孵化器"。据《2017年中国大学生就业报告》2013届毕业后半年自主创业的大学生的跟踪调查，3年后（2016年）继续创业的大学生不足一半；另据相关数据显示，国内大学生创业成功率低于5%。多数"昙花一现"的创业者面临大城市创业的高成本、巨大的创业心理压力，或因为成长过程中缺乏商业模式的熏陶和培养，也未在大学学习时期开展过小型创业以积累经验、缺乏创业的社会资源等而中途放弃（沈鑫泉，2014）。在激情创业的背后，大学生创业者能走多远？作为机会型创业者的大学生群体，真正实现创新创业还应具备怎样的能力？

第一节 创业胜任力的研究现状及发展趋势

根据国外对创业者、企业家等个人（企业）在创业领域开展的长期研究，创业者团队身上具有的稳定性特质（特征）被描述为"创业胜任力"，它是刻画创业者（团队）围绕如何成功完成创业目标并实现创业企业可持续发展的核心概念，本质是个人（团队）胜任力的评估。

一、胜任力的研究现状及发展趋势

胜任力概念最早由 Mc Clelland C 在1973年提出，他建议将胜任力用于替代传统智力测量。20世纪80年代，学术界研究胜任力成为时尚。研究者普遍认为胜任力内涵包括与工作或工作绩效直接相关的知识、技能、能

[①] 赵婳娜、吕端："中国创业者 青年占四成"，《人民日报（海外版）》2017年1月30日。

力、动机等（Spencer，1993）。在接受了大量企业实践检验后，胜任力聚焦于适应岗位的知识、技能和能力，产生了针对各种岗位类别、工作环境胜任力的研究成果（Neely，1978；Tantawutho，1986；Cleveland，1989），参见表2—1。

表2—1 国外关于胜任力的研究类别及研究主要关注点一览表

胜任力类别	研究主要关注点
个体层面胜任力	关注绩优者特征，如管理者胜任力；特定情景的胜任力能力及与方法，如岗位胜任力；成功创业者特质，如企业家胜任力
组织层面胜任力	基于持续学习组织竞争优势：包括核心技术和运作能力；组织拥有的竞争力：包括提前进入变化市场的潜能；对终端产品有意义的贡献；竞争者难以模仿的优势；胜任力对组织绩效的提升路径和实践
行业类别胜任力	英国：MCI（Management Charter Initiative）150 种行业和职业标准；美国：年轻人成功的技能；领导效率工程；国家技能标准

资料来源：(1) Prahalad C K, Hamel G. The Core Competence of the Corporation, Harvard Business Review, 1990, 68 (3): 275-292. (2) Shippmann J S, Ash R A, Batjtsta M, et al. THE PRACTICE OF COMPETENCY MODELING, Personnel Psychology, 2000, 53 (3): 703-740. (3) Tippins M J, Sohi R S. IT competency and firm performance: is organizational learning a missing link？, Strategic Management Journal, 2003, 24 (8): 745-761. (4) 陈云川、雷轶："胜任力研究与应用综述及发展趋向"，《科研管理》2004年第6期，第141—144页。(5) 大卫·D. 迪布瓦：《胜任力》，北京大学出版社2005年版。(6) 周霞、景保峰、欧凌峰："创新人才胜任力模型实证研究"，《管理学报》2012年第7期，第1065—1070页。(7) 陈建安、金晶、法何："创业胜任力研究前沿探析与未来展望"，《外国经济与管理》2013年第9期，第2—14页，第24页。

从起初的组织和行为视角聚焦于个人工作绩效、职业生涯发展和行业性的评价与预测，转向组织层面的胜任力及其内涵研究（Roos，1990；Coombs，1996；Sanchez，1997；Losey，1999），学界关于胜任力研究视野的不断开阔带动了胜任力研究方法的丰富和完善（Markam & Baron，2003），参见表2—2。

表2—2 常用研究胜任力的方法汇总

研究方法	特 点
文献研究法	快速、全面地获得研究脉络；对文献收集可能存在遗漏，且对现有研究成果述评可能存在主观偏见
行为事件访谈法	问题聚焦性强，可获得对研究对象的深入了解；研究样本数量要求不大，着重于对过去关键行为事件的回顾与分析，容易忽略未来需求；适用于探索性研究
问卷调研法	获取信息快速、成本低，便于做量化分析；易受到调查者认知水平影响
观察法	能全面了解研究对象；耗时费力，可能存在观察者主观偏见的影响
案例研究法	研究对象是有"边界"的实体，在自然情境中收集数据；对研究问题和现象的理解较深入；可采用跨案例研究提高研究效度

资料来源：(1)饶惠霞、吴海燕："国外胜任力研究新进展述评"，《科技管理研究》2010年第30期，125—127页。(2)黄永春、雷砺颖："新兴产业创业企业家的胜任力结构解析——基于跨案例分析法"，《科学学与科学技术管理》2016年第37期，第130—141页。

20世纪90年代中后期，国内研究者开始关注胜任力，并围绕胜任力的构成特征、评价方式等对胜任力的相关领域展开了深入研究。[①] 特别是以中国企业管理的具体情景为研究背景，在不同岗位类别的胜任力要素分析及维度划分、胜任力理论模型构建与研究方法创新、胜任力如何影响绩效等方面取得了一系列丰硕成果（王重鸣等，2002；时勘等，2002；叶龙等，2003；魏钧等，2005；樊宏等，2005；赵曙明等，2007；莫寰，2013；朱炳文等，2015）。

从表2—1、2—2可以看出，胜任力研究的传统理论视角与方法主要基于过去或现有的胜任力特征，对研究对象具备的能力、素质和水平进行的分析与评价。但由于胜任力考察的是评价对象的"绩优特征"，而绩优是建立在组织响应环境变化的战略基础上的，这样的研究视角和方法可能存

[①] 周金元、刘兵、唐青："基于文献计量分析的国内外胜任力研究述评"，《科技管理研究》2013年第15期，第145—150页。

在一定的片面性。因此，前瞻性研究应转向面向未来的胜任力思考和分析,[①] 将胜任力从组织和行为研究视角延伸至组织战略的视角，以竞争优势的获得与保持为基础，强调个人胜任力对商业战略的支持[②]（如图2—1所示）。

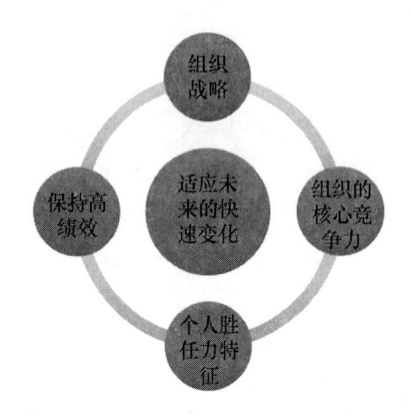

图2—1　面向未来的胜任力研究图示

二、创业胜任力的研究现状及发展趋势

相较于具体的工作技能和岗位，创业主体在创业过程中所经历的创业阶段任务变化、创业环境变迁，都十分考验其完成创业目标的能力和水平。作为衡量创业绩优者能力的有效评价方式，胜任力从组织行为学领域拓展至与创业领域相融合，从而产生了创业胜任力研究。[③]

最初的创业胜任力概念由 Chandler & Hanks 于 1994 年提出，他们将其定义为"创业者识别、预见并利用机会的能力"，认为创业胜任力是优秀

---

① Torrington, Human Resource Management, 8th edition-Companion Website (Gradetracker), 8/E. 2013. Online.

② Kaplan R S, Norton D P. The office of strategy management, Harvard Business Review, 2005, 83 (10): 72.

③ 陈建安、金晶、法何："创业胜任力研究前沿探析与未来展望"，《外国经济与管理》2013年第9期，第2—14页，第24页。

创业者具备的核心能力;① 早期的研究主要分为创业者导向和工作技能导向（如表2—3所示）。

表2—3 早期创业胜任力研究的主要内容

研究领域	关注焦点	研究内容
创业者导向	创业者特质	创业动机、人格特质、态度、行为特点、意愿、社会角色
工作导向	岗位技能	创业绩效目标框架下的创业者知识、能力与技能

资料来源：(1) Thomas lans, Wim Hulsink, Herman baert, et al. Entrepreneurship Education and Training in a Small business Context: Insights from the Competence-based Approach, Journal of Enterprising Culture, 2009, 16 (04): 363 – 383. (2) Man T W Y, Lau T. The context of entrepreneurship in Hong Kong, Journal of Small Business and Enterprise Development, 2005, 12 (4): 464 – 481. (3) Jain R K. Entrepreneurial Competencies A Meta-analysis and Comprehensive Conceptualization for Future Research, Vision the Journal of Business Perspective, 2011, 15 (2): 127 – 152.

由于创业胜任力内涵本质蕴含了高绩效的要求，创业胜任力的研究自然落脚于创业绩效评价。作为创业研究领域的经典研究内容，创业绩效既是创业者追求的结果，又是评估创业行为有效性的参考，还是创业组织以及创业人员在创业过程中收获的成长性和获利性两方面的效果（Covin, 1991）。研究表明，创业胜任力对创业绩效有正向作用（张振华，2009；马红民、李非，2008），拥有优秀创业绩效的创业者胜任力水平高于普通创业绩效者和较差创业绩效者（Rao, 1997），创业者（团队）创业胜任力越高，创业绩效越好（王红军等，2007）。

根据研究团队对新创企业创业胜任力结构特征及创业绩效的元分析②（如表2—4），在新创企业团队胜任力结构的8个要素中，资源导向、学习能力、

---

① Chandler G N, Hanks S H. Market Attractiveness, Resource-Based Capabilities, Venture Strategies, and Venture Performance, Journal of Business Venturing, 1994, 9 (4): 331 – 349.

② 收集国内外学者在1995—2016年间发表于SCI、SSCI和CSSCI等高水平期刊上的高被引文章，期初收集文献为53篇，剔除不是实证研究的文章以及未给出相关路径系数的文章后，对关于新创企业创业团队结构特征与创业企业绩效的22篇实证研究文献进行合并，获得90个效应值，总样本量7473个。

创业经验、技术创新和目标导向为新创企业团队胜任力的关键性结构要素。

表 2—4　新创企业创业团队的胜任力结构与创业绩效关系

创业团队的胜任力结构	创业绩效
目标导向	0.297 ** （10）[2021]
资源导向	0.4004 *** ^ （10）[4776]
顾客导向	0.6046 ** （3）[967]
市场营销	0.5848 ** （9）[1848]
技术创新	0.4656 *** ^ （8）[2023]
学习能力	0.2757 ** ^ （7）[3945]
风险承担	0.1856 ** （5）[1072]
创业经验	0.2703 ** ^ （7）[2400]

注：①研究个数（）中的数字表示被元分析纳入的文献数，[ ] 中的数字表示纳入研究的企业样本总数；②显著性水平三种，分别为 * $p<0.05$，** $p<0.01$，*** $p<0.001$；③^表示有调节变量存在。

与胜任力的研究发展阶段类似，当胜任力主体的特质研究趋于成熟后，研究即拓展到主体与环境和情景互动的研究层次。创业胜任力的相关研究视角在发展过程中，经历了"特质论—情景观—过程观"的发展变化（如图2—2所示）。

图 2—2　创业胜任力研究理论视角演进图示

纵观国内外创业胜任力的研究发展脉络，创业胜任力的研究范式、方法、发展趋势呈现出明显的演化过程，体现在如下三方面：

第一，从当前创业胜任力静态评价转向未来创业胜任力的动态评估。前者主要关注现阶段企业发展所需要的胜任力水平，并以此为标准对高绩效者和低绩效者进行区分（朱建飞，2015）。随着创业企业面临市场环境与企业发展间越来越复杂的交互作用（Huyghebaert，2004），研究者们逐步将视角转移至可持续性创业胜任力的预测和评判，以更加前瞻、动态的视角研究创业胜任力（Rasmussen，2011，2014）。

第二，从研究个体胜任力转向团队（组织）层面的胜任力。创业胜任力的研究初期主要考察创业者本人的素质水平、技能品格等典型个人特质（特征）（朱建飞，2015），随着研究的深入，创业胜任力的研究转向创业团队（组织）的胜任力水平（Dufays，2016），并强调创业团队的认知和价值观的一致性（Mol，2015）。

第三，从通用创业胜任力转向特定情境的创业胜任力研究（朱建飞，2015）。胜任力的研究产生于西方，其研究的理论体系势必适应发达国家经济发展水平、文化特征、企业类型等胜任力能力评价（标准），但文化背景和管理情景的差异性可能导致理论的适应性问题。为解决具体的管理情景中创业胜任力的研究分析及评价问题，各国学者将所在国家或地区的具体情景和行业特征作为胜任力的研究背景，建立更适合研究对象的创业胜任力评价体系（林剑等，2013；潘建林等，2015；朱建飞，2015；黄永春等，2016），如对创业热潮下的中小型初创企业的创业者胜任力研究（Man，2002；戴鑫等，2016）等。

新的创业背景带来与以往不同创业机会的同时，必然产生更具时代特征的挑战（李小玲等，2016），深度影响创业环境与创业者（团队）间的互动作用及反馈，引发创业组织结构、管理模式等发生显著变化。适应这些新经济背景下的深刻变化，要求创业者（团队）具备与以往创业阶段不同的胜任力结构和水平（郭润萍等，2014）。从胜任力发展的角度，尤其是从跨时期的角度来研究胜任力时，胜任力也有生命周期。[①] 因此，无论

[①] Boam R, Sparrow P. Designing and achieving competency: a competency-based approach to developing people and organizations, 1992.

是从创业者面临的创业环境的发展视角，还是从创业者完成创业任务的动态视角来看，创业主体的胜任力结构呈现出持续、演化的特征，这样的特征要求必然推动新创业背景下的创业主体（创业者及团队）胜任力内涵及外延明显地深化及拓展。

三、大学生创业胜任力的研究现状及发展趋势

对大学生创业热潮的现象分析和研究，更多地停留在创业教育及其影响因素方面。王春雅等（2017）以 CNKI 数据库文献为研究来源进行文献计量学分析发现，国内从 2006—2016 年 10 年间关于大学生创业的热点一直聚集在创业教育、创业能力、创业政策、培养模式等。梳理其中关于大学生创业者能力、创业者素质的代表性研究成果参见表 2—5：

表 2—5　大学生创业者能力及创业者素质研究

类别	作者	主要内容（观点）	发表年度
创业者能力	唐婧，姜彦福	构建"二阶、六维度"的创业能力概念模型	2008
	张玉利，王晓文	基于创业学习视角，分析创业经验转化为创业能力的作用机理	2011
	王辉，张辉华	大学生创业者应具备机会把握等七项能力	2012
	李晓峰等	以大学生创业知识和创业技能为要素，提出大学生创业者能力模型和评价方法	2013
	高桂娟，苏洋	提出大学生创业能力 13 个构成要素	2014
创业者素质	苏益南等	构建了大学生创业者心理素质、知识素质和能力素质三个维度、11 个指标的评价体系	2010
	刘沁玲	研究表征关键性创新活动的评价体系，含 10 个一级指标和 28 个二级指标	2013
	毛霞	影响大学生创业素质的主成分为创业能力、创业意识和创业知识	2014

资料来源：王春雅、陶雷、吴孙德等："国内大学生创业教育研究述评"，《价值工程》2017 年第 1 期，第 236—238 页。

上述研究成果反映出国内学者对大学生创业教育和实践较深入的关注与思考，指明了创业教育效果与创业者素质和能力间的联系，但还需从深层次阐释创业教育效果不足的本质与揭示作用路径。

鉴于大学生创业者创业能力获得机制不完善，创业者在校园获得的创业理论和知识体系在实践运用中存在的显著缺陷等现实问题，研究者们开始将注意力投向如何解决这群年轻创业者实践能力的不足，进而发展为对创业热潮下大学生创业适应力与创业教育质量不匹配的审慎思考，乃至对未来阶段大学生创业者具备的胜任力探索。

由于创业胜任力的研究在国内起步时间较晚，到目前为止针对大学生创业胜任力的研究仍未形成较为完整和系统化的研究体系（如图2—3），还有较为广阔的研究空间。

从图2—3可以看出，国内关于大学生创业胜任力研究的整体水平（研究开始时间、成果总量、高水平研究成果等）滞后于宏观层面的创业胜任力研究。尽管如此，现有研究中仍有很多有价值的研究线索可供借鉴和参考。作为青年创业的代表群体，大学生创业者身上涌现出的创业者特

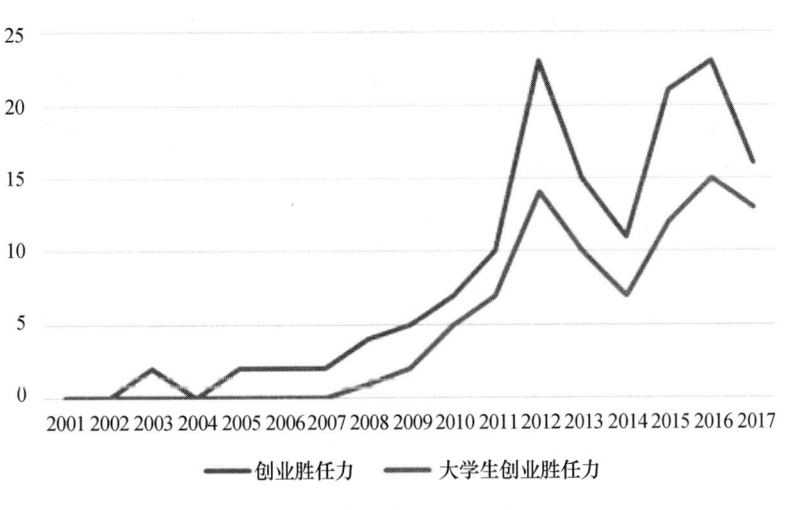

图2—3（a） 国内关于创业胜任力和大学生创业胜任力研究
成果发表情况（2001—2017）

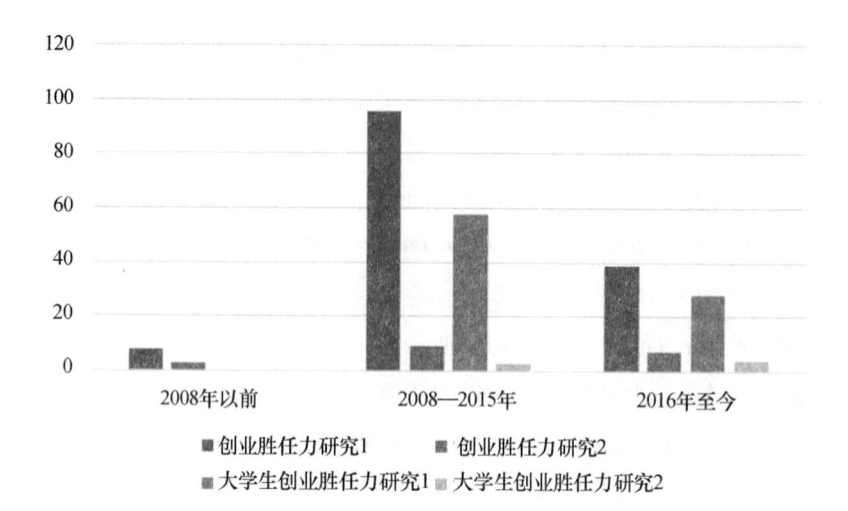

图 2—3（b） 国内学者相关研究发文量情况①

征与其他群体的创业者有共性之处，如在创业动机方面，二者都追求自由，创业过程都重视创业机会识别和创业者网络关系的构建。同时，两个创业群体仍然有诸多显著区别：以科技型创业大学生为例的案例研究表明，在创业机会识别的影响因素，如先验知识获得途径、资源与管理、网络关系等方面，大学生创业者与普通创业者有明显差异；② 针对大学生创业者与创业企业家的认知差异调研发现，在创业目标方面，以企业家为群体的创业者更关注创业的社会责任，而大学生群体较多地追求自我价值的实现，在创业过程中前者较后者更谨慎，对可能存现的困难和风险有较好的准备（吴俊清等，2011）。

上述关于大学生创业者与普通创业者间的异同点分析在一定程度上折射出大学生创业者创业成功概率更低的现实问题，这从大学生创业潮的发展历程中也可以得到验证。分析国内大学生自 20 世纪 90 年代末期以来的

---

① 数据来源于 CNKI 数据库，截至统计时间为 2017 年 6 月 21 日；分别以"创业胜任力"和"大学生创业胜任力"为主题查找结果；研究 1 和研究 2 分别指对应类别的所有发文量和 CSSCI 期刊发文量。

② 吴爱民："多案例的大学生创业机会识别影响因素研究"，吉林大学学位论文，2013 年。

创业热潮（如图 2—4 所示），代表性的大学生创业潮的涌现与当时市场经济环境发展孕育的创业整体趋势有内在的一致性，但每个发展阶段的起始（标志性）事件与热潮形成之间有一定的时间间隔。如第一次的国内大学生创业高峰是由 1998 年清华大学的创业竞赛开启序幕，但大学生首次创业高潮受网络经济影响在 2000 年左右才形成。① 之后，由于网络经济泡沫的破灭，大学生创业进入"寒冬期"；到了 2003 年，由于大学本科扩招后的毕业生数量激增，创业成为缓解巨大就业压力的"突破口"。此阶段的创业热潮爆发点为 2005 年，当年高校本科毕业生自主创业的比例比上一年（2004 年）增加 55.2%。② 对于这两个阶段大学生创业热潮形成相较于同期的创业背景起点在时间上略微"滞后"（约滞后 2 年）的现象，可以理解为处于第一、二次创业潮的大学生创业者，从创业动机产生到创业行为

第一阶段	第二阶段	第三阶段
• 1998年，清华大学举行首届大学生创业计划大赛，带动全国大学生创业竞赛潮流，在竞赛热潮中第一段大学生创业潮产生。	• 2003年，大学本科扩招的毕业生数量激增，创业成为缓解就业压力的突破口，2005年开始出现第二次大学生创业热潮。	• 2014年"双创"背景下，大学生创业热情迸发，第三次大学生创业热潮涌动。

图 2—4　国内大学生各阶段创业潮的产生背景图示
（20 世纪 90 年代末至今）

---

① 第一批创业大学生典型代表为清华大学的邱虹云。他在 1999 年 5 月，与两名同学创立了被誉为中国第一家高科技学生公司的北京视美乐科技发展有限公司。

② 木志荣：《中国大学生创业研究》，厦门大学博士学位论文，2006 年。

启动经历的准备时间较长。进入新的创业阶段，大学生创业形势在政策和机制的引导下呈现出蓬勃的发展态势，据《2015年中国大学生就业报告》显示，[①] 大学生创业者在毕业三年后月收入、就业满意度、高收入群体三项指标上展现出"压倒性优势"，新的大学生创业热潮几乎与"双创"的社会热潮同时涌现；新的创业大潮在激发大学生一轮创业热情高涨的同时，整体创业氛围中大学生创业者感知并受到同辈创业的影响较大，即同辈创业的"同群效应"[②] 较为明显。

与国内大学生各阶段创业潮的背景相对应，国内学者对大学生创业胜任力的研究起源于创业实践的教育导向问题。在经过了大学生创业者创业认知、行为模式分析的研究阶段后，转向以创业主体成长导向为核心的创业教育效果评价，回归创业教育初衷（如图2—5所示）。而这样的转型，将从着眼于未来的角度深度促进大学生创业者创业胜任力的培养，与胜任力的研究趋势在内在发展逻辑上形成十分生动和有趣的"呼应"。

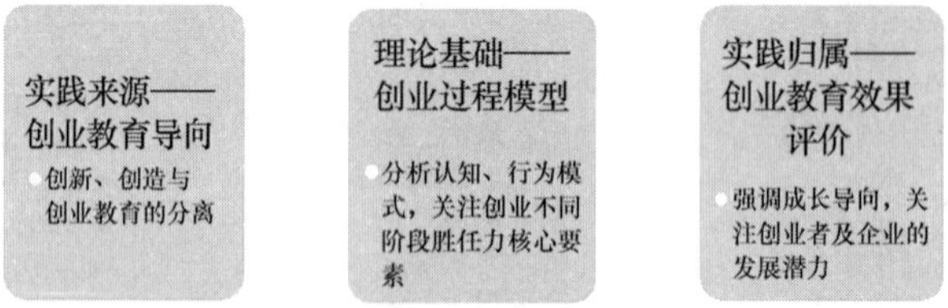

图2—5 国内大学生创业胜任力研究发展图示

资料来源：(1) 夏春雨："大学生创业教育的实践与思考"，《江苏高教》2004年第6期，第106—108页。(2) 木志荣：《大学生创业胜任力研究》，厦门大学出版社2008年版。(3) 徐占东、陈文娟："大学生创业特质、创业动机及新创企业成长关系研究"，《科技进步与对策》2017年第34期，第51—57页。

---

① 《光明日报》，"自主创业持续上升'重心下降'趋势初显——2015年中国大学毕业生就业报告"，中华人民共和国教育部，http://www.moe.edu.cn/jyb_xwfb/s5147/201507/t20150720_194510.html。

② 王兵、杨宝、冯子珈："同群效应：同辈群体影响大学生创业意愿吗"，《科学学研究》2017年第4期，第593—599页。

第二节 "互联网+"背景下大学生创业胜任力及其结构特征

互联网"开放、共享"的本质与网络原住民们"分享、利他"的特质有着天然、内在的逻辑联系，这种联系推动产生的新技术经济范式早已颠覆众多传统经济学假设和经典的管理学理论。曾经的互联网帝国雅虎被Google，Facebook等互联网后起之秀超越，"巨星"的陨落，已充分验证产业更替中"适者生存"的进化法则。对此，大学生创业者们应主动适应网络的作用和影响从"工具"到"基础设施"的演变趋势，并深刻认知这种演变对创业组织形态、创业者和团队胜任力的发展需求，并做出与之相适宜、协调的变革。此外，从创业过程的动态性和创业发展的可持续角度，大学生新创企业的创业成功远比新创企业成功（成功创业）的内涵更为广泛，前者立足于整个创业企业生命周期。因此，从企业发展生命周期视角并结合面向创业胜任力研究前沿问题，本书将研究理论视角定位在大学生新创企业生命周期视角下的胜任力框架研究（如图2—6所示）。

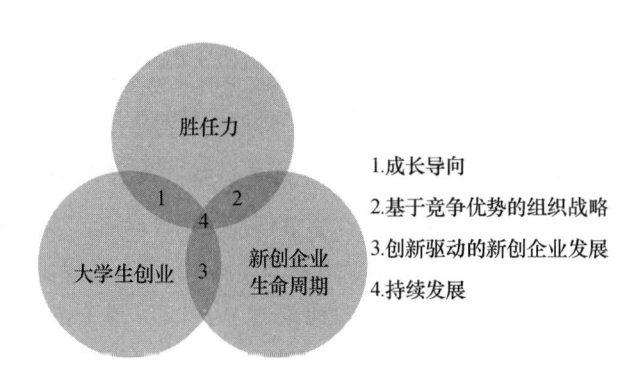

图2—6 研究的理论视角

依据国内外代表性学者研究成果对创业企业发展阶段的划分（Mcdougall & Robinson, 1990; Covin & Slevin, 2009; 蔡丽等, 2010; 薛红志, 2011），传统意义上的新创企业界定为创业8年内的企业。其中，初创期的新创企业成立时间为1—3年；生存期作为创业企业的过渡发展阶段，为创立的4—6年时间内；而成立7—8年的新创企业为发展期创业企业。

相对于传统创业时代，创业企业必须经历较长时间和空间的资源积累才能获得持续扩张进而达到稳定状态的发展历程，互联网时代则显著地加快了新创企业演化的进程。不少成立时间较短的大学生创业企业具备的强有力竞争态势，在一定程度上已让传统企业倍感压力的同时表示"可望而不可及"。电子科技大学在读博士生马天琛和他的小伙伴用了1239天，凭借开发的校园社交软件"面聊"成功登陆新三板，成为国内首家在全国性股票交易市场挂牌上市的在校大学生创业公司；[1] 借力移动互联网创业"风口"，从大学校园走出的共享单车ofo再度书写大学生创业"神话"，据互联网数据咨询权威机构DCCI在2017年6月发布的《中国共享单车13城市用户研究报告》显示，ofo在共享单车领域的活跃用户份额、行业认知度排名均位列第一。尽管这两个大学生创业企业的成功经历仅是个案，但从互联网产业发展的必然趋势和未来市场发展潜力来看，新兴互联网企业较之前创业企业成长周期明显缩短，传统的创业阶段时间划分已不适应互联网时代创业企业发展、进阶的演化速度要求。

根据研究团队的调研，"互联网+"背景下处于创业生存期和发展期的大学生创业者（团队）大多有互联网发展初期的创业经历，且在现阶段已敏锐地将企业发展战略与"互联网+"特质紧密融合，这两个阶段（生存期和发展期）的大学生创业企业通常已具有较为成熟的组织架构和管理范式。而多数新兴[2]互联网创业企业则从诞生之初就推崇互联网的开放、共享精神，严格遵循网络时代基于创新的运行法则。鉴于此，本书按照"混合式"模式对创业企业所处各阶段的划分，即对属于传统产业创业且在移动互联网时代仍然持续发展的大学生创业企业（传统产业互联网化转型）仍按照上述时间节点进行划分；针对新兴产业互联网创业型企业，则

---

[1] 刘志鹏、张雅倩："电子科大'面聊'团队：力争打造'中国版Facebook'"，中国大学生在线，http://special.univs.cn/service/chuangye/chyxing/2016/0324/1129717.shtml。

[2] 新兴产业划分依据国家战略性新兴产业规划。

借鉴风险投资对新创企业评价以成长潜力为标准,对新创企业获得成长的资质和能力水平进行界定的思路,归纳新兴创业企业发展阶段特征,对大学生新创企业发展的不同阶段进行划分(如表2—6)。

表2—6 "互联网+"时代大学生新创企业发展阶段划分

创业企业类型\企业发展阶段	初创期	生存期	发展期	划分依据
传统产业互联网化转型企业	创立1—3年;主要依托线下资源扩张的方式获得创业机会;线上资源作为业务发展的辅助渠道;"项目制"管理模式	创立4—6年;积累一定的市场、渠道资源;灵活应对客户需求;"亲情式"管理模式	创立7—8年;积累较好的市场和渠道资源;提供相关领域整合式服务;"科层制"管理模式	新创企业创立时间
新兴产业互联网创业型企业	具备基本的创业雏形;根据用户需求选择业务模式,用户群扩张快速;企业响应客户需求的效率高,"扁平化"管理模式	具备较为完整的商业模式;获得至少一轮风险投资;响应客户需求的效率和质量较好,"零管理"模式	创业项目获得较大发展,获得至少三轮风险投资;发展多元化业务;致力于塑造企业品牌与积累智力资本;"精益组织"管理模式	新创企业发展潜力

资料来源:(1)高峻峰、银路:"基于生命周期的网络企业商业模式研究——以腾讯公司和金山软件公司为例",《管理学报》2011年第3期,第348—355页。(2)罗小鹏、刘莉:"互联网企业发展过程中商业模式的演变——基于腾讯的案例研究",《经济管理》2012年第2期,第183—192页。(3)张鲁彬、柳进军、刘学:"基于生命周期的创业孵化模式研究",《科技进步与对策》2016年第5期,第104—110页。(4)吴晓波、周浩军、周伟华等:"企业成长不连续性与二次创业周期模型",《管理世界》2009年第2期,第69—79页。(5)阮芳、刘筱微等:"直击三大痛点,助力中国企业组织与人才转型",《哈佛商业评论》2016年第8期,第20—21页。(6)苏德中:"解密成功创业者",《哈佛商业评论》2016年第8期,第22—23页。

得益于国内外关于创业团队胜任力的研究范式转移和研究焦点的聚集，针对大学生创业胜任力的研究集中于创业团队对创业绩效的影响。但需注意的是，国外创业领域专注于创业团队胜任力的研究是建立在对个人胜任力的长期研究基础之上（张菡，2011）。作为创业活动的主体，尽管创业者的领导地位和核心作用在创业的每个阶段存在差异，对新创企业，尤其是大学生新创企业而言，从初创团队的"召集者"到发展、成熟阶段的"精神领袖"，创业企业的成长均离不开创业者个人的全力投入，且创业者个人的胜任力水平同样会影响和作用于创业团队胜任力的培养。再者，根据对创业企业发展周期的相关研究，在企业成长的不同阶段创业者的角色从"创业者"到"守业者"动态演变，经历从获取资源到创建、保持组织结构再到制度和组织文化的过程（李新春等，2010；何正亮等，2013）。Facebook 等由大学生创立的互联网企业发展至今的成功经验表明，创始人之于互联网企业的影响，如同于企业精神的延续，对企业制定战略决策及战略执行都有着至关重要的作用。因此，书中关于大学生创业胜任力的层次划分为个人（创业者）创业胜任力和团队创业胜任力两个维度。

第三节 "互联网+"背景下大学生创业胜任力结构与创业绩效

互联网创业环境缩短了通常意义上的创业企业发展路径，意味着今天的创业主体——大学生创业者和团队应当前瞻性地认知创业问题，构架创业胜任力，具备更远见卓识的制定企业战略的能力，才可能带领新创企业获得预期创业绩效。基于上述国内外创业领域关于胜任力与创业绩效研究成果，结合大学生创业企业发展实际，本书将"互联网+"背景下大学生创业绩效分为经营性绩效与成长性绩效两个方面。

作为新创企业，学习和借鉴成熟企业在新创企业时期走过的发展历程，借鉴其胜任力中的适宜要素，结合自身和所创立企业实际进行"修正和完善"是理性选择。从个人层面的胜任力与新创企业绩效关系看，新创企业创始人个人胜任力对企业的创建和发展过程起着奠基石的作用，如

Obschonka M 等（2014）研究揭示新创企业创始人早期的创业胜任力不仅对合资企业创建过程有积极影响，还对创业者职业生涯全过程的创业有积极预测作用，这有助于大学生新创企业创业者了解并从创业企业发展的全生命周期角度去调试和发展自身的胜任力水平；进入生存期和发展期后，创业胜任力会随着创业阶段的进程不断完善和提升。如 Thomas 等（2002）通过对创业导向、创业成功和创业胜任力三者关系的研究得出了创业绩效与几种关键胜任力维度之间存在显著因果关系的结论。理解这点可为大学生创业者提供优化胜任力，进而提升企业绩效的决心和信心。

另外，不仅在理论研究上学者们已经验证了创业胜任力对新创企业成长的影响，在创业实践中的相关调研结果也指向类似的结论。英国风险投资公司 BGF Ventures 与市场研究公司 Streetbees 合作对英国 500 位新创公司创始人进行了调查。结果显示，尽管高强度的创业工作和高压力状态让创业者面临诸多挑战，但超过一半的受访者（53%）表示创业的艰辛过程带给他们自我成长。[①] 与此有趣的结果相印证的是，在研究团队开展的调研中，受访的绝大部分大学生创业者（超过70%）表示如果有第二次选择的机会，仍然会毅然决然地选择创业。可见，由于现阶段大学生创业企业多为小微企业，从新创企业成长和可持续发展角度，研究和评价大学生创业企业的发展落脚于"成长绩效"成为趋势，这点与胜任力、创业胜任力研究的前沿关注"未来"的逻辑一脉相承，而就在最新关于大学生创业企业绩效和胜任力的相关研究中也得到印证（汤敏等，2017；徐占东等，2017）。

根据研究团队的调研及分析，大学生创业者和企业在创业过程中适应网络时代演化的竞争需求，类似于互联网创业企业运用发展是从"工具——平台——生态"的演化历程，表现出"持续进化"的胜任力结构和水平（不同阶段的胜任力关键要素及胜任力结构与绩效关系详见第三至五章），这样的发展和进步本身也是一种显著的创业绩效。

[①] "500 位创业者群像：一周工作 80 个小时 我依旧不后悔"，http：//economy.china.com/global/11173292/20170605/30648408.html。

在创业胜任力结构方面，个人胜任力和团队胜任力两个维度共同影响大学生创业者个人成长绩效与创业企业团队成长绩效。随着创业者对其个人胜任力与团队管理胜任力的认知发展，创业胜任力两个维度间的比例和结构发生变化，实现动态发展的均衡（如图2—7）。

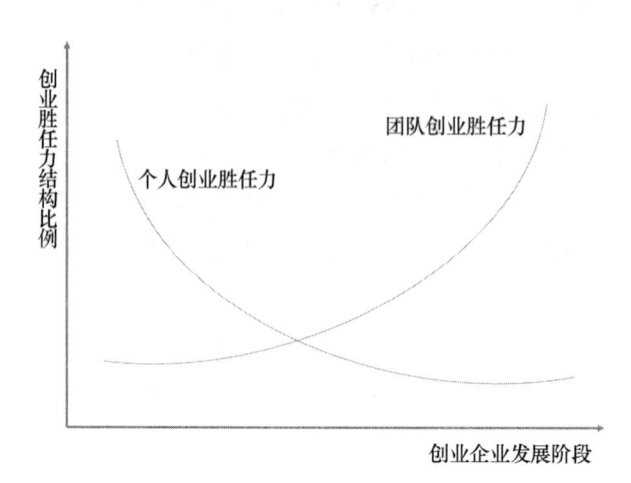

图2—7　创业胜任力结构比例和发挥效果演变示例

创业企业绩效方面，大学生创业者个人和团队的成长绩效发展整体呈现出内涵演进式提升特点。其中，个人成长绩效的变化趋势是从感性到理性的渐进式发展；企业成长绩效发展的总趋势是团队从组建到成熟的稳定态发展（如图2—8）。

创业胜任力发展与成长绩效间存在共同演化关系，即随着创业阶段的推进及创业任务的复杂化，总的趋势表现出随着创业企业发展趋向成熟。创业企业发展的过程不仅与企业成长生命周期的自适应和完善过程相匹配，创业企业竞争力持续提升要求大学生创业企业完成从"依赖"到"借力"再到"改变"的进化与蜕变历程（如图2—9），这与互联网创业以创新为永恒主题的发展演化思想相吻合。

根据研究团队开展的调研、访谈情况和形成的部分前期研究成果，结合最新的创业领域研究成果梳理，在新的创业背景下，大学生创业者（团队）在各阶段的创业胜任力层次变化和结构衔接具有"自然演进"的发展

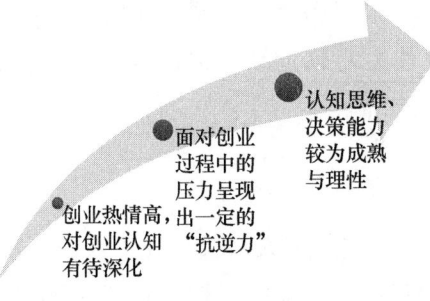

图2—8（a） 大学生创业者个人成长绩效演进

图2—8（b） 大学生创业企业成长绩效演进

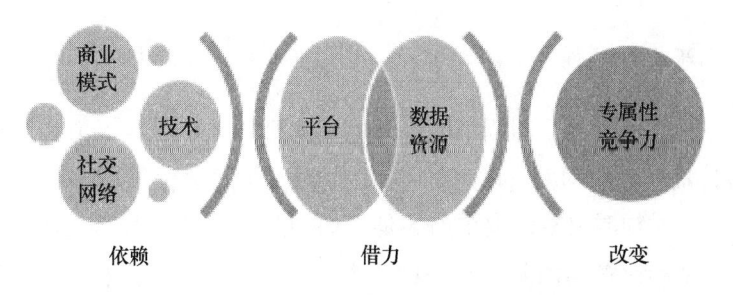

图2—9 "互联网+"背景下大学生创业企业发展路径

特点，创业者（团队）创业胜任力水平展现出"新特征"，胜任力结构呈现出"新动力"，胜任力对创业绩效的影响在发展特征、功能上表现出"新趋势"，简要归纳如下：

一、新特征

第一，产业变革、创业宏观环境优化等"双创"扶持政策和制度红利造成大学生创业的路径选择、商业模式均与互联网经济的"共生"关系密切。"互联网＋"新兴产业创业成为大学生创业继早先的电子商务创业热潮后的又一热门领域。

第二，评价大学生创业者和团队胜任力标准由量化的经营性绩效指标为主转换到经营性指标与成长性绩效双向互动，注重未来发展能力评估。以往对大学生创业者和团队胜任力的评价通常借鉴创业者胜任力评估体系，以其创立的公司经营性绩效指标评价为主。在新的创业背景下，无论是风险投资方还是创业合伙人都注重创业者（团队）未来成长空间，重视评估创始人（团队）后续发展与成长的潜力。

第三，创业学习与实践的共享模式"孕育"并产生了创业者联盟，加速创业者胜任力习得及提升。众创空间演化为协同创业平台，成为创业者联盟组织者。创业者（团队）通过联盟内的交流与分享，获得良好的社会支持系统，帮助激发创业认知、借鉴模拟其他创业者的创业经验。联盟以"互助"方式帮助大学生创业者积累创业资源，吸引高端创业合作伙伴，提升创业层次。

二、新动力

第一，成长经历、创业氛围提升创业动机，实现自我价值成为新的内在"增长式"创业动力。以90后为主体的创业大学生群体多数成长环境相对宽裕，对物质财富的追求已不是他们创业的关键性目标。在调研和访谈中，大多创业者（团队）表述创业不是简单地追求一夜暴富，更趋向于通过创业实现自我成长的价值追求。

第二，创业过程中克服困难的勇气来自合作伙伴的支持与协助，团队共同成长成为创业企业实现增长的新动力。依靠团队的创业者通常具有突出的个人魅力,在其影响下的创业团队形成以统一价值观为核心的团队凝聚力(张宏等,2014),这种凝聚力为创业过程面临困难(挫折)的创业者(团队)提供智力、情感等社会支持,帮助创业者(团队)实现创业企业绩效(Knapp,2014)。

第三,着眼于创业企业的未来发展并将创业作为事业孜孜以求的创业动机成为创业企业可持续发展的新动力,从追求创业企业成长到致力于创业企业成熟的"战略型创业"(戴维奇,2015)。

三、新趋势

第一,创业态度及行为更务实理性。"互联网+"降低了创业门槛的同时实质对创业者和团队实施的生存和竞争规则更为严苛。创业者(团队)明确创业动机,选择胜任的创业领域,合理运用前期创业或工作经验、社会资本(Zhu,2015),创业动机趋于成熟,团队组建趋于合理、科学。

第二,大学生创业层次提升势头明显。与"互联网+"背景下创新驱动产业升级类似,依靠互联网技术和平台进行创业的创业者群体在数量和质量上呈现双向提升势头。

第三,创业主体更注重对互联网精神实质的理解,关注互联网生态,前瞻性创业。创业者(团队)针对垂直市场不断涌现新的创业想法,激励商业模式不断迭代和更新,以匹配市场需求(赵宇翔等,2016)。超越既有的创业形式和商业模式,公益创业、联合创业等新型创业模式不断出现。

―――― 第三章 ――――

种子的诞生：初创期创业胜任力与创业绩效

面对消费者从"单一有限理性"向"群体理性"的转型，要稳立互联网经济潮头，创业企业须从"数据资源迭代产品"模式中实现个性化、时效化的服务。以"快速响应"为核心的本阶段创业任务要求大学生创业企业的经营和管理者（团队）须站立潮头，具备基于互联网的深度认知和思维、决策能力，并据此设计企业发展的行动路径。

第一节 初创期创业者（团队）创业胜任力结构特征

创业初期，由于社会资本薄弱，大学生创业者不具备依靠积累的资本进行资源配置的能力，容易产生"新进入缺陷"导致的创业风险（DA Smith，2008），这在一定程度上影响了大学生创业者将创业 Idea 变为实际行动，研究团队基于"互联网+"大学生创业者调研也证实该种风险的存在（如图3—1）。

克服此类初创期风险，可以尝试创造性地利用有限资源或者从外部网络寻找新的资源（柳青等，2010；DE C，2006）。在运用数据资源创造财富和价值的互联网创业时代，呈"指数级"增长的数据已然变成新的生产要素。伴随众多优质平台的兴起，掌握、挖掘和运用数字资源的创业机会逐渐延伸至长尾端市场（胡贝贝等，2015）。根据本研究团队的调研，多

第三章　种子的诞生：初创期创业胜任力与创业绩效

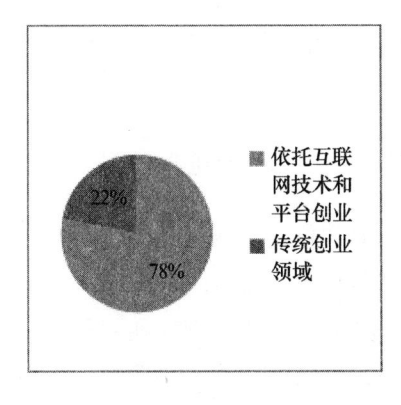

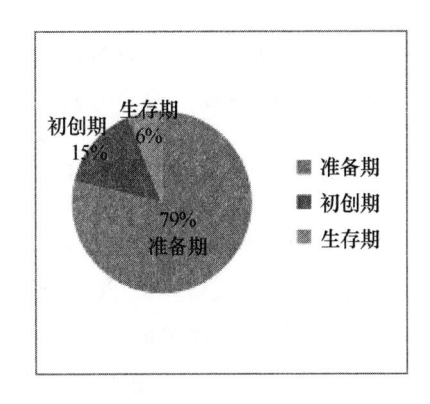

图3—1　研究团队对在校大学生创业相关情况调研图示①

数创业初期的大学生创业者依托互联网平台（技术）创业，在互联网平台创业或专注于技术开发的创业大学生（团队）占到大学生创业者群体的78%（如图3—1）。

领先一步的大学生创业者把握并运用了社会网络平台的"小世界"链接效应，构建起基于社交群体的创业领域，以优化和重构创业资源的方式快速获取创业机会，大幅度降低了创业机会成本。从他们创业的类型主要可分为传统产业互联网化转型企业、新兴互联网创业两种（如表3—1）。

表3—1　初创期大学生创业企业的创业领域特征和主要竞争力比较

创业企业类型	创业领域	主要竞争力
传统创业互联网转型	传统创业领域	渠道拓展、渠道资源对企业发展的支持能力
新兴产业互联网创业型	长尾领域	商业模式创新、技术创新

本阶段大学生创业企业发展的目标和任务要求企业搭建创业团队，核心任务是获得市场进入资格，确保创业想法有实践的机会。需要有善于捕捉创业灵感、识别创业机会的创业者进行引领；由具有共同创业梦想的伙伴完成快速反应的创业组织设计，为创业者提供动态化、扁平化的组织管

---

① 本次调研仅针对在校大学生。

理层级。此阶段胜任力结构体现出创业者个人"机会识别与机会构建"、创业团队"敢拼敢闯"两个方面的特征。

一、创业者个人创业胜任力关键要素：发现和创造机会

创业者机会识别是评价初创期创业者成功创业的关键能力指标，关系到创业者能否探寻到潜在的商业价值（Ardichvili，2003；Markam & Baron，2003）。由于创业过程中商业模式作用于创业认知的机理存在边界，创业机会识别包含创意产生、机会识别和机会评价的全过程（杨俊等，2015）。在影响创业者机会识别的众多因素中，创业者警觉和既有知识与大学生创业机会识别关系密切。有创业经历的大学生创业警觉性和知识识别能力明显优于没有创业经验的同龄人，且既有的知识对机会识别有显著影响，尤其是创业者的认知和反馈过程对"先验知识"的认知框架依赖性极强（徐凤增，2008；Baron，2004，2006），但不同学历层次对创业大学生机会识别的影响程度有差异。

据北京大学等单位组织的青年创业者调查，学历越高的创业者越倾向于看准商机后的创业，46.9%的创业者选择毕业后的4—9年，在积累相关经验后首次创业（光明网，2017）。已有知识和联系通过社会网络分析进行重构后，有助于提升大学生创业者的创业警觉性，帮助他们从创业经验、知识结构、创业网络等方面更好地识别、开发和利用创业机会（王飞等，2014；姜萍，2015；王沛等，2015）。

与老一代创业者注重建立政治网络的创业路径不同，新一代创业者注重商业网络的构建，两种网络结构的不同性质反映出了创业者对资源需求的差异。[1]

正是因为受制于资源约束，大学生创业者在具备通识的机会识别能力的同时，需要突破桎梏，更深入地思考创业行为与现有资源的内在联系，类似的行为可能自然"涌现"创业机会（斯晓夫等，2016）。在新创业背

---

[1] Zhang C, Tan J, Tan D. Fit by adaptation or fit by founding? A comparative study of existing and new entrepreneurial cohorts in China, Strategic Management Journal, 2016, 37 (5)：911 -931.

景下，善于建立、连接资源的大学生创业者更多地基于逻辑、推理去发现创业机会和做出决策，在创业机会识别路径上表现出明显优势（如表3—2）。

表3—2　不同创业时代大学生创业机会及其属性比较

创业阶段	创业环境整体特征①	创业机会来源	创业机会特征	创业机会产生路径
传统创业时代②	生产商与消费者的信息传达间存在壁垒；新进入者面临壁垒较大，需要较好的前期资源积累；创业成本（生产、运营、管理成本）较高	创业者熟悉的行业（专业）领域；通常采用传统商业模式，如加盟店、制造业等	信息量有限；属于"自然需求"	源自于确定市场机会，倾向于与原有机会原型的实际对比分析，注重机会识别与机会构建结合
"互联网+"创业时代	网络平台的零距离，信息对称；新进入者面临的准入门槛低；需要的前期资源积累相对较低；消费主体追求"极致化"的消费体验，消费需求多样化	互联网+引发的思维方式、生活模式与工作模式的改变，如基于降低时间成本的相关产业服务整合供应商等	信息来源丰富；属于"制造需求"	源自复杂系统的自适应性，强调基于快速变化警觉的机会识别，注重机会开发

资料来源：(1) 陈燕妮、Jaroensutiyotin Jiraporn："创业机会识别的整合视角"，《科技进步与对策》2013年第2期，第4—8页。(2) 林嵩、姜彦福、张帏："创业机会识别：概念、过程、影响因素和分析架构"，《科学学与科学技术管理》2005年第6期，第128—132页。(3) 许小艳、李华晶："基于复杂适应系统理论的创业机会识别与开发过程研究——以桑德集团为例"，《中国科技论坛》2017年第2期，第178—185页。(4) 刘兴亮、张小平：《创业3.0：共享定义未来》，电子工业出版社2017年版。(5) 于晓宇、李雅洁、陶向明："创业拼凑研究综述与未来展望"，《管理学报》2017年第2期，第306—316页。

德鲁克认为互联网最重要的作用是形成消费者与厂商之间的零距离。

---

① 主要指宏观环境、市场环境及竞争环境。
② 根据第二章对国内大学生创业热潮的划分，传统创业时代指大学生第一次、二次创业潮，"互联网+"创业时代指"互联网+"提出后的大学生创业热潮，包含移动互联网创业阶段。

基于物联网的数据采集器已在消费者和生产厂家间建立起直接联系，意味着二者间信息获取和沟通的壁垒已消失。这样的零距离不但大幅提升了生产效率，推动了商业及产品模式快速迭代、更新，同时传递了强烈的信号：在网络时代"碎片化"的时间利用模式里，消费者更希望快速、低成本地获得产品或服务。类似新的市场和消费者需求变化，提示大学生创业者（团队）需敏锐察觉并积极响应，快速把握上述变化突然涌现的价值源。

移动互联网孕育了一大批科技型创业企业，多数之前名不见经传的年轻创业者带领企业迅速扩张，引导创业企业成为创业领域的"独角兽"。[①]这些年轻的创业企业背后，除了有强大的资本运作与技术创新做支持，更关键的是创业者（团队）的"先发思维"模式，他们中的绩优者甚至可以打破常规，通过"创业拼凑"[②]的方式获得独有的市场机会，仅从创业资源的价值判断、突破限制和先验思维方式上表现出的独特和创造性就已注定他们成为创业时代先锋。

二、团队创业胜任力关键要素：敢拼敢闯

初创期的创业关键任务匹配大学生创业团队胜任力内涵，定位于提升团队认知和学习能力的胜任力水平，落脚于开拓新创企业价值创造空间。创业团队需扮演辅助创业者发挥潜能的角色，激发创业者提升领导能力，帮助创业者为准确定位创业企业文化，提升企业竞争力做好准备。

创业企业人力资本实质是团队成员花费自己的"优质时间"，处于"激活态"做事情，保持持续提升的状态（马化腾、张晓峰，2015）。互联网的嵌入在为创业团队的学习拓展了平台，帮助创业团队更快速、高效地获取学习资源（刘玉国等，2016），以提高准确地分析和判断、获取创业资源能力的同时，也为投资人更全面、深入地了解创业者（团队）的动向

---

① 指市场估值达到10亿美元以上，成立时间10年之内且未上市的初创企业。
② 创业拼凑是目前创业领域前沿理论。其理论核心在于，创业拼凑的实施主体即创业者对资源的重新审视和再利用，强调积极行动，为新创企业尤其是大学生创业企业解决资源约束提供了新的视角。

提供了链接信息的渠道。创业者（团队）始终"积极做事"状态将持续、生动地展现，是吸引投资人最好的"磁石"；持续的坚持和付出获得改进，更体现出创业者及其团队敢于挑战自我的内在潜能，而后者是获得创新的源动力。

第二节　初创期的创业胜任力结构与创业绩效

新创企业获得持续稳定的经营性绩效才可能保证企业顺利进入下一个发展阶段。创业者特质影响新创企业组织结构及流程设计（Beckman, 2008）。Chandler & Hanks（1994）的研究指出，创业者创业胜任力会直接影响初创企业创业绩效，并通过作用于外部环境（机会质量）及内部条件（组织资源）间接调节内外因素与创业绩效的关系。

以商业关系和政府关系为主导的网络关系一直被视为影响创业行为和绩效的重要变量（Wu J, 2011），企业发展战略中以网络为中心能弥补经济转型期新创企业自身条件的不足（Li H & Zhang Y, 2007）。互联网创业时代，社会网络是商业网络和资源集结的核心，创业社会网络的形成及发展对企业产品、商业模式的衍生均有提升作用。袁勇志等（2013）研究表明商业和制度社会网络对初创企业的绩效有显著影响，前者对初创企业的经营性绩效影响作用大于成长绩效，而后者对初创企业的成长绩效影响更为显著。

成长经历及所处创业行业环境的整体创业氛围潜移默化地影响大学生创业动机的形成及创业决策的执行（Aaijaz, 2012；Ng, 2016；徐占东等, 2017）。大数据驱动的创业环境决定了创业企业须以快速行动促进信息获取。吴挺等（2016）基于互联网情景下的创业行动研究也证明了信息获取在新创企业快速行动和企业绩效间存在中介作用。依托互联网产品及商业模式快速更新的时代背景，大学生创业者及团队通过敏锐地捕捉迭代模式及其衍生的创业机会，凭借创业者学习和实践"催生"新的创业商机，创业团队以主动性的行为特征积极与创业环境进行互动，显著地影响初创企业绩效（薛文婷, 2016）。

当大多数创业大学生团队还在纠结于到底选择哪个垂直领域作为创业首选时，先行者早已凭借敏锐的创业者嗅觉，率先于繁杂的创业环境中进行创业机会的信息筛选与"去噪"，以确定精准的创业方向并一击即中。国内互联网创业生态平台领导者36氪，创始人刘成城受到大二时的创新实验启发建立了科技网站，在其基础上创立了科技媒体36氪（36kr.com），创办企业时刘成城还是北京邮电大学一名大四学生。公司在2010年即通过线下开放活动推出创业投资服务，搭建起创业企业与融资机构间的沟通和对接平台。到2015年，当"双创"成为热潮，大量的初创企业急需相关服务时，36氪凭借精深新创企业服务领域的"先发优势"，从众多创业服务型平台企业中脱颖而出，一跃成为行业领军企业。

第三节　初创期的创业实践：创业胜任力与创业绩效"曙光初见"

一、创业者学习日记：创业前期积淀

接触新概念，把握新机会

我叫赵洁（化名），90年出生，现在在北京经营一家淘宝店，主要从事海外代购。2008年，我第一次接触淘宝，对于那个时候的很多人来说，淘宝是个绝对新鲜的事物，人们不了解淘宝，也很少通过网络在淘宝上购买东西。当初在淘宝开网店卖东西只是为了利用闲暇时光赚点零花钱。出乎意料的是小店生意不错，又碰巧，工作上七零八碎的烦心事太多，索性便辞了职一心扑在创业上。

为什么敢辞掉稳定的工作去创业？或许是因为天生的"女汉子"性格，胆子大估计是大学期间我给同学们留下的最深印象。读本科的时候，很多同学需要购英汉大辞典、收音机、随身听一类的东西，但是这些东西在商场都卖的很贵。偶然从川大的朋友那听说这些东西在川大都很便宜，于是我们俩不谋而合，一起做起了"代购"。从川大

第三章　种子的诞生：初创期创业胜任力与创业绩效

低价买进，再以相对较低的价格在我们学校卖出，赚取中间的差价。这个生意挺有趣，不仅可以赚钱，还能在交易过程中认识新朋友。不久，学校里出现了竞争者，基本也是靠"低价"来吸引顾客。现在想想，当时那种被人模仿的感觉还是蛮不错的。因为我做的时间要长一些，而且知道主要向哪些人去销售，什么时候该进多少货，所以就算是有了竞争，也做得比较轻松，赚的钱也挺可观。这段经历让我知道，做生意并没有想象中那么难。

大学时第一次接触淘宝，是因为我同宿舍的一个女孩获奖得了一双李宁牌运动鞋，但是不合脚。就是这样一双不合脚的运动鞋，开启了我的电商之路。那个时候淘宝还不像现在这样家喻户晓。我问舍友要不挂到网上试试看转手卖给别人，虽然不一定能卖掉，反正自己留着也不穿室友也觉得新东西不妨尝试一下，我们抱着试一试的心态挂了上去。因为那时候用淘宝的人并不多，所以我们也没抱太大希望，可是挂上去没多久，那双鞋子就被人下了订单买走了。这让我们非常高兴，觉得自己非常幸运，毕竟第一次体验到了在网上卖东西的感觉，那时觉得淘宝真的好神奇、很有意思，要是有东西卖，还是可以再玩一玩的。我把这个经历在机缘巧合下告诉了我的男朋友，他宿舍有一个师兄有很多套运动服，就说既然第一双鞋子都卖掉了，那就帮忙把他的衣服鞋子也挂到网上去卖吧。我也没多想，既然人家都这么说了，自己也没有什么损失，加上还想再体验一下那种神奇的感觉，就欣然答应了。因为那时淘宝店家不算多，所以不管是一手商品还是二手商品，网友能够买到的都不算多。师兄的衣服虽然不是全新的，但也很快卖掉了。这时候我觉得在淘宝卖东西还挺容易，就萌生了在淘宝开店的想法。因为自己平时学习也不忙，在网上开个店，这样既可以赚钱，也可以处理掉身边不用的东西。于是，我的第一家淘宝店就开业了。

刚开始开店的时候并没有把它太当回事，只是在闲下来没事做的时候才会多琢磨一下接下来怎么做。要是事情忙，我也就没有闲心来理会店里的生意。起初，其实并不是特别明确自己到底要卖什么，感觉自己的店就是一个杂货铺，有什么就卖什么。但是，我后来发现这样子越是卖得随意，越是不知道卖什么。在很长一段时间里，我不知道自己到底要做什么生意。我清晰下来要做鞋子，还是因为自己闲不住的性格。

　　大学时候学校北边有一个动物园，平时我很喜欢去那里玩。和朋友出门总会想要打扮一下，穿得漂亮一点，也会开心一些。一般的女孩子都会比较关心衣服或者头饰是不是够漂亮，而我最关心的却是最普通的鞋子。出门时总会多注意自己的鞋，走在路上也会注意路人的鞋子。一天，我正在考虑出门要穿哪双鞋子时，看着一堆漂亮的鞋却无从下手。不禁感慨，我是怎么想的，买这么多鞋子，要是处理掉一些，我的选择就不会这么困难了……想到这，一个主意蹦出脑海，要不我的网店就卖女鞋吧。当然，没想到的是一直卖到了今天。

　　大学毕业后，我去了新华社工作。虽然每天的工作很辛苦，我也没有放弃我的淘宝店。跟在那儿的工作相比，开淘宝店当然不算是正当职业，但我就是舍不得买主下单时带给我的成就感。我是个从小就不太喜欢对着书本的人。在新华社上班，每天都对着文稿一类的东西，着实让我头疼。我刚开始上班时觉得国企虽然工资不高，但很有面子，很高兴能够在这里工作，然而时间一久，却感到了工作带来的窒息感。每天一上班就坐在那个狭小的空间里，而且一坐就是一整天。这个时候恰好自己淘宝的小店生意还不错，每个月的收入也还可以。久而久之，我就越发怀念大学时候的生活。人就是这样，自由惯了，也就很难耐得住寂寞了。没过几年我就辞职了，一心一意经营淘宝店。当时我就想，要么创业，要么面对穷和无聊的日子吧。现在我的淘宝店生意还算不错，因为是做国外品牌的女鞋代购，我也有很多机会接触国外的新东西。创业给我带来的不只是经济上的满足，还有生活上的自由。

笔者点评：面对新鲜事物，人们起初除了好奇之外还有对于未知的恐惧。创客从来都是冒险者，他们直面这种恐惧，认定了的事情就会义无反顾地去做。在大学阶段赵洁因为对新鲜事物好奇而带来的经商经验以及对这份事业的热爱，让她放弃了稳定的工作。对于很多创业者来说，正式创业之前的个人经历就是一个尝试新鲜事物的过程。勇于尝试是创业者共通的品质，也是他们发现新机会的不二法门。

二、创业案例1——关键词：知识储备和学习

（一）创业者档案

成都梦当然装饰设计有限公司是一家专门从事墙体彩绘、壁画绘制的工作室。创始人王瞳毕业于成都理工大学，团队成员均毕业于专业艺术类院校，富有想象力与责任心。公司坚持人性化、个性化设计的原则，结合成都特色，为顾客打造成都文化的墙体手绘。[①] 服务范围涵盖家庭、KTV、室外绘画宣传等。近年来，团队不断创新与提升专业技能，在3D手绘方面获得顾客一致好评，公司经营呈平稳上升发展态势。

（二）创业者故事

谋定而后动

对王瞳来说，从下定决心到落地创业是一个水到渠成的过程。在创业前他做了很多的准备工作，虽然他并没有将自己所学所做刻意地和创业联系在一起，但毫无疑问的是，这些创业之前的锻炼对他之后的事业起到了很大帮助。

你是创客？真是酷毙了

王瞳第一次萌生创业的想法是在大二的时候。刚上大二的王瞳跟着他的老师做一些设计类的项目。也就是在那个时候，王瞳慢慢地对他的专业有了浓厚的兴趣。那时，在他眼中，设计是一件非常有艺术感的事情。一张空白的纸、一面简单的墙在他的手里慢慢变成一件艺

[①] 成都梦当然装饰设计有限公司，http://scqianghui.jqw.com/。

术品，就像自己在创造一些前所未有的东西，那种奇妙的感觉让人陶醉。与此同时，王瞳接触到的热爱设计的人也越来越多，大家因为相同的专业以及兴趣聚在一起，有时也会一起交流各自在设计上的想法和创意。其中的一些前辈，已经开始依靠自己的专业知识在外创业。这让王瞳觉得很佩服，也很羡慕，羡慕前辈们有能力将自己的兴趣变成事业，且不管结果如何，他们都在为自己喜欢的事情而努力。学长学姐们的多彩故事，激发了王瞳心中想要像他们一样把爱好一直持续下去的愿望，他想要像他们一样创业。

那时王瞳只是一个热爱所学专业，对创业什么都不懂的大二学生，虽然他心里有一股子创业热情，但是每一次细想自己的创业想法，就觉得很不切实际，怀疑自己是不是真的能够办到。当时的王瞳只是一个大二的学生，且没有跟创业相关的知识和技能，这些不足以支撑他去创业。一没经验，二没资源，或许创业对他来说确实是不现实的。最初的创业冲动慢慢减淡了。思来想去，王瞳决定暂时放下创业的想法，先打好基础，等自己成熟，能力提高了，真的有两把刷子了，再重新审视自己是不是真的适合走上创业的道路。

新技能 get——沟通协调

大二时，王瞳同时在几个学生组织任学生干部，其中学生会的工作最让他头疼。王瞳所负责部门的任务比较繁琐，有时候要为一些活动出苦力，枯燥乏味的工作常会让人产生要放弃的想法。但这样的工作很锻炼一个人的细心和耐心。作为当时部门的部长，王瞳不光要习惯平淡枯燥的工作，还要承受来自下级和上级的压力。

因为部门经常做一些后勤工作，一些干事感觉无论是做的事情还是所学到的东西，都与自己的预期相差甚远。招新不过半年，便出现了干事做事懒散的情况。事情一旦完成得不好，王瞳的上级也会给他一些压力。想到这，王瞳不禁叹气，陷入无奈之中。

那时王瞳刚上任，还没有完全适应部长这个角色。在部门出现问题时他感觉无所适从，不知道该怎么办。跟干事谈心、聚餐，能做的

第三章 种子的诞生：初创期创业胜任力与创业绩效

都做了，但是部门并没有朝他预期的样子变化。王瞳开始着急了，一来是急自己不能够给干事一些他们想要的；二来是急自己的能力不足，连一些小问题都解决不了。在无奈之中，王瞳去找了他的前任部长，跟他聊了很多，希望能从有经验的老部长身上找到答案。

老部长告诉他，他需要真正关心干事。当他们迷茫自己的定位时，给予他们关心和帮助。不管是工作还是生活，要跟干事打成一片，适当帮助他们，有时候又要给他们一些稍微有挑战的事情，让他们觉得得到了部长的信任，而不只是在表面上和他们打成一片。因为，适时、适当的鼓励和关心、巧妙的工作安排对管理一个部门非常重要。本以为得到了老部长的帮助，自己就能够应付当时的问题了。没想到这些话说起来容易，但做起来又是另外一种感觉。王瞳不是一个很会表达自己的人，在他想要去给予他的干事帮助和鼓励时，发现自己关不能很好地表达出来，这让他曾一度怀疑自己是不是情商低下。为了克服自己与干事交流的障碍，他在工作上更加严格要求自己，更加注意自己的话是不是能够完整地表达自己所要表达的意思。甚至平时跟朋友聊天，他也会问对方，自己的意思是不是被朋友完整地理解了。同时，王瞳开始学习站在干事的角度去看问题，回忆自己大一时遇到类似的问题是怎么看待的，设想自己如果是一名干事会怎么样来看待这个部长和部门。慢慢地，他发现自己与干事的交流变得流畅了，他们对待工作的态度好了许多，部门的气氛也开始好转。

在后来的创业中，公司刚起步时走得并不顺利，几个合伙人有时会因年轻气盛，要让自己的想法被所有人接受。但越是这样，越是容易与同伴发生口角。这时，王瞳经常充当和事佬的角色，从中调停，避免了合伙人之间出现大的矛盾。再比如，公司的主要业务就是做设计和绘图。员工，包括合作伙伴，专业上都可以相通，一个人既可以做设计，也可以画画。当项目比较紧急时，如果指定的画师临时有事情，再去找别的画师比较麻烦，只能从公司内部解决，甚至有可能让设计师去绘图。此外，一个画师工作量大，在设计上做不了太多的事，但他可以将创意提供给设计师。提醒设计师做效果图时，要注意

— 051 —

哪些东西。设计师根据整个构图和色调，给出比较合适的图案设计和效果展示。在刚开始的时候，这两者之间的沟通和协调，都是由王曈完成的。

狠抓学习，补足知识

大学生活中学习会占很大的比重。王曈的专业课成绩不算出类拔萃，但是要想做一家成功的设计类公司，创业者是不是够专业至关重要。他在大二的时候，开始协助老师做一些设计项目，但如果不能独立完成一个得到别人认可的项目，那他始终还是不够专业。想着自己今后要创业，有了这个动力，他越来越沉浸于专业学习，重视每一次和老师一起做项目的经历，并从中总结经验。不断地将学习与实践相结合，他对自己专业的理解也越来越深刻。在准备实习的时候，他独立完成了几个项目的设计。创业后，王曈将自己的公司定位于提供家居设计一体化服务的公司。因为王曈在专业学习中认识到，做设计需要的不只是设计本身，美术、绘画、数学等都是做设计所需的重要知识。意识到这些知识的重要性，本着做更好的设计和对艺术的执着追求，王曈开始细致地观察优秀的设计作品中所包含的创作技艺。创业后，公司主打墙绘，他的创业伙伴除了是学设计的之外，还有学装潢设计、美术等专业的朋友。后来的事实证明，不同专业的人聚在一起往往能取长补短，设计出的作品在多方面都能给人以美的感受。

真诚打动人心

俗话说，巧妇难为无米之炊。在开始创业时，最难跨出的一步就是筹钱。王曈父母的思想不算是特别开放。相比于创业，他们更希望孩子能有安安稳稳的工作，幸福地生活下去。但创业又是他非常想要去尝试的事情，为了不让父母担心，刚开始他是瞒着家人的，更不可能问家里人要启动资金。创业的启动资金一部分来源于他在大学时接项目的佣金，一部分是向身边朋友借来的，剩下的就是合伙人凑出来的。

王瞳说，借钱非常麻烦。没有人会随便借钱给你，而且对学生来说，他借的钱还不算少。他觉得自己很幸运，向他伸出援手的人中，多数是他的学长学姐。在不断地向他们学习的过程中，他同这些学长学姐的关系也越来越好，他们觉得他比较好学，在很多方面愿意帮助他。所以，当他因资金问题向学长们求助时，获得了学长们的热情帮助。

未雨绸缪，方不误大事

王瞳说，自己属于那种准备比较充分才进行创业的人。因为有前人探路，虽然别人的话并不一定全部正确，但还是有一定的参考价值，加上他和合伙人的能力也还算互补，在创业之后他们避免了很多前辈曾经所犯的"错误"。

公司曾遇到过这样一个客户，客户家离王瞳的公司比较远，画师要坐十几个小时的车才能到客户的家，画完之后又要花同样的时间返回，中间的时间成本非常高。谈项目之初就遇到了麻烦。按公司要求他们需要先和客户办好手续、签好合同，但客户觉得他们公司的流程很麻烦，希望画师能直接过去他家，画完后直接付款。这种情况前辈就曾遇到过。客户因没有合同之类的凭据而拖欠款项。当时已进行到客户看完合同之后再略微修改就可安排第二周进场的进度了，但在商议此事时，客户那边直接把电话挂了。后来他们一直在反思这个问题。公司有规定，需要客户先签合打预付款才能开工，毕竟要把不能收到款项的风险降到最低。初次失利后，他们还是与这位客户保持联系，不时问候一下。这位客户平时比较忙，很久才会回复。但不管客户的态度如何，他都没有直接否定这个单子。王瞳他们一直没有放弃，始终用最为恭敬的态度同客户商量。过了很久，客户终于同意他们的方案。这一单中间的过程十分曲折，好在最后还是完成了。王瞳回忆，如果当初没有前辈的经验作为借鉴，他们很可能会因为客户不按期打款而造成资金链断裂，严重的话公司有可能就破产了。这就是前辈经验的重要性，有些时候前人的建议是能够"救命"的。

（三）结语

王瞳的公司运营到现在，不管是产品，还是公司管理，又或是团队沟通，虽算不上一帆风顺，但也一步一个脚印，在持续成长。这在很大程度上得益于他大学时期的经验积累。专业课所学让他知道要怎样去做一个好的产品；向前辈的学习让他少走了很多弯路；学生工作的锻炼让他在与人沟通、公司管理上都更加娴熟。对大学生而言，在学生时代创业并成功的人并不多，一定程度上是因为大学生的个人资源、社会阅历等不够成熟，但在学校阶段的积累却是非常关键的基础。如今的创业教育在创业基础知识上给了大学生很多帮助，但是创业能力的获得不是上一两门创业课就能做好的事。专业学习、学生工作、社会兼职都是大学生能够积累丰富经验的重要途径，而这些经验必定会在今后他们的创业中发挥至关重要的作用。

三、创业案例 2——关键词：创业动机的产生

（一）创业者档案

陈全，四川阿坝州人，高三开始创业，经营羌族文化 T 恤 "SALA"。于 2016 年 6 月制作并在淘宝网销售了第一批产品。

（二）创业者故事

用情怀成就梦想

陈全是四川阿坝羌族自治州人。2016 年，还在上高三的他在网络上认识了当时在四川师范大学上大二的羌族学长王志华（化名）。两个人聊得非常投机，用陈全的话说"有一种志同道合的感觉"。不久之后，这位师兄就成为陈全日后的创业伙伴，两人共同携手将梦想付诸现实。

第三章　种子的诞生：初创期创业胜任力与创业绩效

以情怀之名

陈全说，刚开始的时候不知道什么叫创业，只知道自己正在做一件有益于民族文化传承的事情。比起赚钱，更多的是一种情怀的表达。"情怀"这两个字贯穿陈全从创业到今天的每一个细节。这样的"情怀"创业从陈全高三开始。对于大多数高中生，特别是像陈全这种从小生活在不发达山区的少数民族高中生而言，考上一所好大学是改变未来命运的必要条件。去到山外面见识新天地，告别贫苦生活几乎是所有学生和家长的心愿，然而陈全却是一个例外。他选择了在最重要的高三第二学期创业，还选择了羌族人最熟悉的羌服作为创业内容。

羌服非常传统，在学校里几乎没有人穿，偶尔有学生穿在身上都会被同学们私下议论是跟不上时代。看着同学们都穿着一样的订制班服，陈全的心情很复杂。一方面，同学们无论是三三两两，或成群结队走在校园里，都是一道靓丽的风景，这样的归属感和集体感让陈全感到十分高兴。另一方面，学校几十个班级，却没有一个班级穿自己民族特色的衣服。这让一直对民族文化在年轻人中慢慢淡化的现实感到失望和无奈的陈全陷入了沉思。如果年轻人都一味赶超潮流而不理会老祖宗留下来的文化，那自己的民族迟早有一天会失去最宝贵的东西。既然大家都愿意追逐时尚，那么民族的东西也应该有时尚气息；既然大家都喜欢穿文化衫，那么在时尚的文化衫里加上民族文化会是什么效果呢？想到这里，陈全觉得自己悟到了一个"不得了"的事情。通过文化衫让羌族文化传播开来。很快，陈全就跟学长王志华取得了联系，他接触过很多自己不知道的东西，或许他能给一些建议。当得知了陈全的想法之后，王志华感到特别惊讶。他没想到陈全一个高中生会有这样与年龄不相符的思维和成熟。王志华决定和陈全一起干。在得到了学长的支持后，陈全将想法告诉了父母，希望能够得到他们的支持，但父母的反应却让陈全感受到了压力。陈全来自典型的农村家庭，父母都是地地道道的农民，亲戚里也没人经商。在这种环境下，家人几乎对"做生意"这个事没有任何的期待，甚至认为自己善良的孩子如果从事经商类的活动会吃很大的亏。相较于做生意，在高三的节骨眼上，他们更希望陈全能够全身心投入到高考上，将来当一名医生或者老师，有一份体面稳定的工作，也算是光宗耀祖。陈全明白父母的用心，他将要做的事情父母很难理解。但他觉得读书虽很重要，做喜欢的事更重要。尽管家人反对，陈全仍然决定学业要尽力，小生意也不能放弃。

当获得家人资金支持的希望破灭后，陈全和王志华两人决定用各自的生活费将想法进行下去。尽管激情高涨，但创业还没开始，两个人就遇到了困难——取名。每个品牌的衣服都有名字，虽然只是小打小闹，但他们也力求一切像模像样。给品牌取名字成了摆在两人面前的第一个难题。他们讨论了两个思路，既要有民族特色，又要稍微洋气一些。两个备选方案为：一个叫云上，是因为他们生活在海拔较高的地区，"云上"听着也很有韵味；另一个叫潮羌秀，意思是让羌族的风采流行起来。经过二人一番商量，最终想出一个新名字：SALA。因为羌族代表性舞蹈称为萨郎（salang），羌族妇女被称之为萨郎姐，羌族歌曲等很多元素名称中都体现 sala 这个谐音，在三个名字里面，SALA 最能代表羌族文化。

零基础创业

选定了名字后，两人又遇到了第二个难题：羌族文化丰富多彩，应该如何将其与文化衫更好地结合起来？传统的文化衫制作，大都是将能体现文化主题的图案印制在 T 恤上。而陈全决定，要做就做不一样的文化衫。"别人用印的，我们用绣的。"羌绣本身色彩丰富，图案极具艺术感，每一件羌绣作品都是艺术品，是羌服区别于其他民族服饰的重要标志。如果能以羌绣手法，将羌族文化绣在文化衫上，那一定非常有特色。想法美好，现实骨感。本来两人的资金就相当有限，如果每件文化衫都用绣，一来产量低，二来成本太高，二人根本承担不起。于是他们又想到了"曲线"方案，即先实验俗套的印制路线，

第三章 种子的诞生：初创期创业胜任力与创业绩效

将传统的羌绣图案印制在文化衫上，将来若有机会发展壮大，再尝试羌绣。接着第三个问题又来了，两人都没有电脑图案编辑基础，如果自己不能设计，文化衫就没有意义，于是王志华决定自学图案设计。相较连电脑都没怎么碰过的陈全来说，由已是大学二年级的王志华承担文化衫的设计工作显然更加现实。

为了能够有更多的时间同王志华交流产品想法，陈全努力提高学习效率。他在学习的时候全神贯注，力争用最少的时间细致地掌握最多的知识，省下时间同王志华保持沟通。后来陈全回忆，正是在决定要做文化衫之后，自己才真正觉得高三是充实的。一边是陈全努力保持高效学习，另一边是王志华潜心钻研设计。两人虽然相隔几百公里，却越来越默契。即便学习任务繁重，但在图案设计阶段，陈全也没有闲着，他在四处"找钱"。陈全深知，即便两个人省吃俭用，那点钱也不够做出几件像样的产品，他需要更多的资金。陈全注意到当地一家旅游文化公司有向游客出售羌族文化相关产品，加上老板同自己认识，或许他能够理解自己正在做的事情，甚至有可能支持一些资金。想到这里，陈全根本顾不上学生身份，赶紧去找公司老板，希望能够合作。然而，结果却并没有像陈全想的那么如意。老板虽认可陈全的想法，但他认为学生毕竟只是学生，能做的事情终究有限，他打心眼里不相信陈全和王志华真的能做出什么实事儿来。虽然请求遭到拒绝，但陈全认为老板是不了解他们，或许再多坚持一段时间，老板就能感受到自己的诚心和期待。于是，陈全约了王志华在做出产品设计雏形时同他一起再去会一会这位老板。两人前后三次拜访，终于有了回报。公司老板决定支持两个年轻人的梦想，投入5000元帮他们生产第一批衣服。并承诺如果市场反应不错，还可以继续合作。

三个月后，第一批产品设计完成。然而，有了产品设计，有了初始资金，怎样将设计变成实实在在能穿的文化衫仍是摆在两人面前的"拦路虎"。当时两个人并没着急找厂家生产文化衫，而是决定先让消费者看看设计，提些意见。王志华提出建立微信公众号，一来可以与消费者直接对话，二来可以借这个渠道传播羌族的文化。因为陈全没有用过微信，对公众号没有概念。王志华拍胸脯揽下了这个活，建立了公众号"关注羌族"。或原创，或转载，公众号每天都会推送有关羌文化的微信文章，得到了很多同样热爱民族文化的羌族年轻人的关注。运营至今，公众号已有两万余名粉丝。庞大的粉丝群不仅成为后来文化衫的销售渠道，也成为两人实现初心的重要路径。文化衫设计被放在了公众号上，他们请粉丝对设计的受欢迎程度、购买意愿进行投票。根据一手数据，两人粗略计算了在保证质量的前提下能够生产的产品数量。第一批产品出厂后，不到一个月两人手中的 200 件衣服就销售一空。经此一役，陈全和王志华感受到了电商的强大，也对将来继续从事创业有了更强的信心。之后，两人决定拿出近一半的利润，支持川师羌族文化协会在当地进行支教活动。陈全说，一开始做这个事情就不是奔着赚钱去的，既然赚了钱也就该拿来做一些对初心有益的事情。

新起点，新视野，新团队

2016 年 9 月，陈全来到成都理工大学，开始新的创业故事。在新生军训时第一次听说了"创业"这个词，他从字面猜测可能是做生意意思，心里一阵小激动，没想到自己在高中就干了大学最流行的事情。这个高大上的词也让陈全觉得大学将会是自己大展拳脚的地方。新生宣讲会上，学长学姐讲述自己的创业故事，并向新生宣传创新创业。在台下听前辈分享故事的陈全非常激动，他对"创业"这个词越来越感兴趣了。他上网查资讯，与同学、前辈探讨，一个新世界的大门已为陈全打开。陈全是大一学生里面少数几个能够在分享会结束后不仅跟学长学姐有创业方面交流，还能说出自己见解的新生。这个大一新生的创业激情给前来分享的学长们留下了深刻印象。因为他们在刚进大学时比起创业，想的更多的是军训还有多久才能结束。为了更好更快地了解创业，陈全在学生会组织招新时选择了加入创新创业促进会（一个专门服务于创新创业活动和团队的学生组织）。虽然并不是非常理解这个组织是干什么的，仅凭借字面意思他就判断，这是个能对创业提供支持的地方。在促进会的一年里，陈全确实收获颇丰。不管是创业理念，还是相关资讯，陈全都努力保持谦虚学习的态度。在这里，陈全看到了很多让他眼前一亮的创业项目。通过与组织里"老人"们的交流，陈全得到了很多帮助。用他的话说，少走了很多弯路。

陈全知道，要想将来做更多的事仅靠自己和王志华是不行的，他需要更多的伙伴。一个学长叫李经纬（化名），也是羌族人。在同李经纬的交流中，陈全发现他也十分关心羌族文化。经过考虑后陈全认为，李经纬比自己高一年级，在经历上更丰富，又对羌文化非常关心，这样的人自己很难再碰到了。于是在完全没有了解李经纬对创业的看法的情况下，陈全就向他发出了邀请，希望他能够加入到团队中。而出乎陈全预料的是，李经纬非常果断地答应了他。后来陈全又联系了另一个羌族的高中校友，一起组建了在成都理工的团队。团队组建后，陈全马上将自己在促进会的所见所学运用到实际中，进行团队成员分工，让每个人都能最快地融入团队、了解项目。根据团队实际，陈全主要对产品设计、宣传、财务三个迫切需要解决的问题进行了分工。虽然还未成立公司，但陈全一切都力求专业，开展团队建设。三人小组定期和在川师的王志华碰面，交流工作进度，共同商讨今后的创业规划。

接受正式指导，未来还未可知

2016年11月，学院举办了创新创业比赛。本着学习的态度，陈全决定带着项目参加比赛。参赛最基础也是最重要的是商业计划书。在上大学之前陈全压根没听说过这个词。撰写一份合格的商业计划书，成了摆在陈全面前的新挑战。虽然没有经验，但通过学长们对计划书的大致讲解，加上上网搜索的相关资料，陈全对计划书有了初步的想法。时间紧，任务重，加上没人有撰写计划书的经验，陈全和团队成员进行了分工，采用分块负责、集体总结分析的方式熬夜完成了商业计划书。之后，陈全考虑到团队成员都是学生，知识和经验有限，主动找到了学院副院长张老师作为项目指导老师。张老师对陈全的项目给予了高度评价。看到这群由跨年级、跨专业、跨学校组成的创业队伍，张院长对他们充满了信心和期待，对陈全提交的计划书提出了诸多修改意见，还给陈全灌输了诸多像"互联网+"这样的前沿创业概念。陈全和团队在此次创业比赛中获得了一等奖的好成绩，这是他第一次在大学参加比赛，也是第一次参加创新创业的赛事。比赛结束后，陈全和团队一起总结了经验，并对老师提出的项目建议进行了正式讨论。

现在，陈全的创业计划已涉及到三年后，包括公司注册、筹集资金、品牌建设等，还融入了"互联网+"的理念。陈全按计划推进产品的生产与销售，同时也思考着如何回馈社会，传承文化。陈全说，自己的计划还不够完备，他打算参加"国创"和"创青春"的比赛，在更高级别的比赛中收获经验，完善项目。经过大学一年多的锻炼，陈全在创业初心的基础上提出了另一个愿望，通过创业，将羌族的文化传播给世界，将中国各民族的优秀文化传播给世界。

（三）结语

创业不光是挣钱，只想着怎么赚钱的企业不会持续成功。创业者在进行创业时应先考虑自己能为社会、为受众带来什么，只有在这样的初心下创业企业努力付出了，社会和消费者才会给企业应有的回报。

四、创业案例3——关键词：市场敏感度

（一）创业者档案

"阿尔特（art）集中营"是由来自成都理工大学传播科学与艺术学院视觉传达设计专业的夏闯和几名同学共同创建的大学生艺术作品交易场所，是将市场需求与学生画作、艺术设计、歌舞视频、摄影图片等相联合，构建的售卖大学生艺术作品的店铺，还是一个促进各方共赢的大学生艺术领域的企业平台。

"阿尔特集中营"的创意来源于一次期末艺术作品设计展览。花费同学们好几个月时间制作的期末作品，却在展览结束后变得毫无用处，夏闯觉得既可惜又心疼。巧逢此时，有"顾客"询问参展作品是否可销售。这位陌生顾客的询问促使夏闯和团队萌生了创业的念头。

透过一次寻常的期末作品展，夏闯看到了潜藏在大学生艺术品背后的商机。对应了时下流行的 O2O（Online To Offline），即从线上到线下的商业模式，也就是把线上的消费者带到现实中的商店中去，① 让顾客可以通过线上支付购买线下的商品和服务。②

平台的实体店设在成都理工大学传艺学院的创业俱乐部，其位于该校北校区的一栋教学楼内。选址于此，是因为这里有着浓厚的艺术创作氛围。夏闯认为，把实体店设在学校，不仅方便管理，也会让更多的学生注意到这个新颖的存在，与此同时，此项目也借助网络进行了大力的推广和宣传。

阿尔特的商业模式其实类似于淘宝，将同学中优秀新颖的作品收集起来，达成寄售协议，放在"阿尔特集中营"进行线上销售。当然，只要顾客有需要，可以随时到实体店选购心仪的作品。阿尔特不只是一个平台、一个店铺。除了线上销售，也在积极寻求线下合作，与装修公司、室内设计工作室、广告公司等需要购买艺术作品的商家磋商，达成宣传和销售合作。

"阿尔特集中营"不仅是大学生专业技能提升的交流地点，也是推销大学生优秀设计理念的推广平台，更是艺术教育与实践相结合的一个创新项目。

（二）创业者的故事

来，把握住市场的脉搏

收拾画笔、熄灯、锁门，做完期末作业离开画室，已是凌晨两点。此时窗外灯光黯淡，夜色迷茫，和所有学习艺术专业的学生一

---

① 彭惠、吴利："O2O 电子商务：动力、模式与前景分析"，《华南理工大学学报（社会科学版）》2014 年第 6 期，第 10—17 页。

② 李向红："电子商务商业新模式 OTO 的研究与分析"，《现代管理科学》2012 年第 8 期，第 119—120 页。

图3—1（a）　阿尔玛（art）集中营工作室

图3—1（b）　创业团队正在制作艺术作品

样，熬夜对夏闯来说是家常便饭。

除了大学生，夏闯还有另外一重身份——创客。

"创客"一词源于英文单词"Maker"，是指努力把各种创意转变为现实的人，这群人的共同特质是创新、实践与分享。[①]

近年来，国家不断推出的大学生创业优惠政策掀起了一波又一波大学生创业大潮，越来越多像夏闯一样的年轻人，怀揣着满脑子想法

[①] 杨建新、孙宏斌、李双寿等："美国高校创新教育实验室和社会创客空间考察"，《现代教育技术》2015年第5期，第27—32页。

和一腔热血开始创业之旅，用自己力所能及的方式，一步一步朝着梦想的方向前进。

2015年，在成都理工大学传播科学与艺术学院大学生创新创业训练"种子计划"的推动下，夏闯和小伙伴们一起建立了一个专业从事大学生艺术作品销售的网络平台——"阿尔特集中营"。

经验不足、人脉圈窄、资源匮乏、融资困难，大学生的创业之路似乎一开始就布满荆棘。创客们想要在风起云涌的市场上占有一席之地，不光是靠熬夜就能解决的问题。对像夏闯这样的大学生来说，一边读书一边创业，是学业与梦想的冲突，是理想与现实的碰撞，更是在新的领域重新扎根生长。

创业的机会，稍纵即逝

夏闯在成都理工大学学习的专业是视觉传达设计，通俗地讲就是平面设计，属于美工类，所以绘画几乎占据了他校园生活的大多数时间。为了制作一幅精良的艺术作品，常常需要在画室呆上好几个小时。在上大学之前，夏闯想象中的大学校园是充满自由的象牙塔，没有父母在耳边事事叮嘱，没有总爱站在后门偷看的班主任老师，可以做自己所想，学自己所爱，无拘无束地完成梦想。

和大多数大学生一样，夏闯的大学生活也是有课按时上、没课寝室蹲、时不时和室友打两把游戏，偶尔出门逛逛感受都市的韵味。可是渐渐地，天性自由的他发现这样的日子虽自在，却总觉得少了点什么。

恰逢学院开展大学生创新创业训练"种子计划"，鼓励大学生成立创新创业项目团队。夏闯觉得，这是一个机会，一个可以改变他平淡生活的机会。

关于创业，夏闯早就有这种想法。"男孩子，年纪大一点就不太愿意伸手找爸妈要钱，觉得挺不好意思。所以就想着能干点什么事挣钱养活自己。"说到这儿，夏闯挠了挠头，有些不好意思。赚钱养活自己，帮家里减轻一点负担，这或许是大多数在校大学生想要创业的初衷。

可创业不是一件小事，要做什么，应该怎么做，夏闯毫无头绪。难道创业之路还没开始就要夭折了吗？没想到，一次期末作业展览意外地打破了僵局。

夏闯是班长，由于为人负责踏实，班级里课程展览的大小事务都交由他处理。展览过程中，有好几个同学向他询问是否可以购买参展作品。就是简单的一句话，点燃了夏闯的创业之火。

期末作业，通常要花费同学们好几个月的时间来制作，却在展评结束后变得毫无用处，只能堆放在学院的杂物室里，夏闯觉得既可惜又心疼。与其让同学们辛苦设计制作的艺术品成为杂物室里堆积的废品，还不如把作品卖给有需要的人，让这些费尽心思制作的艺术作品发挥出更大的价值。这个想法，是"阿尔特集中营"的雏形。

市场敏感度，是创业者判断市场变化的最短时间，或者是对市场从预期到实现的最短时间。[①] 能否感受、分析、把握市场的变化趋势，能否站在消费者的角度、市场前沿考虑问题，决定了创业者能不能及时抢占市场先机。随着消费者认知能力的不断提升，市场也在随之变化，人们未被满足的需求不断出现，因此市场总是存在空缺。发现并抓住这个空缺，是创业的第一步。

夏闯说，他能想到的东西，其他人也能想到，晚一步可能就被抢占了市场先机。所以要把握机会，并牢牢抓在手里。

没经验，但有无限热情

比较偏执，追求完美，精力充沛，是夏闯对自己的评价。

夏闯出生在江苏省一个工薪家庭，父母都是普通职工，亲戚里也从未有人有过创业的经验。创业，对夏闯来说是一个全新的世界。

---

① 董永杰："蕴含区域风险因素的中小企业信用风险评价问题研究"，《山东财经大学》2014年。

第三章 种子的诞生：初创期创业胜任力与创业绩效

精力旺盛，对新鲜事物充满热情，也许是大学生在创业过程中最大的优势。想法有了，可创业的开始还有许多问题亟待解决。

夏闯说，虽然没有经验，可他们有用不完的精力和热情，投入总会有回报。为了弄清楚"通过什么途径把同学们的作品销售出去？又用什么方式去吸纳供货源和顾客？大学生艺术品销售平台的前景如何？这个想法是否能适应市场需求"这一系列的问题，夏闯和小伙伴整天泡在图书馆阅读文献，在网络查资料，去办公室请教老师，走出校门做市场调研。对！没经验怕什么，用百分之百的热情投入总能有收获。

通过调研，夏闯发现，"大学生艺术品销售这个市场其实空间挺大，目前也没有人在专门做线上艺术品销售。这个领域几乎是空白"。随着中国互联网的发展，电子商务涉及人们生活的方方面面。即便如此，线下消费依旧是人们主要的消费方式之一。因为快递可以为我们运输商品、提供服务，却无法传递社交体验所带来的快乐。[1]

在夏闯看来，这种通过线上销售、线上购买来带动线下营销和消费的模式正好能满足他对这个创业项目的设想。于是，"阿尔特集中营"在夏闯和小伙伴们的努力下浮出了水面。

不放弃，就是扛

创业初期，"阿尔特集中营"遇到了巨大的难题。此平台由于比较新，宣传和推广力度不够，没有知名度，也缺乏在市场上站住脚的资本，很难得到顾客和商家的信任。

夏闯说，很多同学不放心将自己辛苦制作的作品放在阿尔特保管，也不相信阿尔特有能力把作品卖出去。没有货源，不论是线上平台还是线下实体店都无法继续运营，这是夏闯最想放弃的时候。班级的展览、部门的活动、还有课程作业每一样都必须亲自处理，而阿尔

---

[1] 庞彪："O2O电商未来：移动互联网时代的商业新阵地"，《中国物流与采购》2014年第11期，第28—30页。

特又刚刚开始运行，很多问题亟待解决，这一切压得他有点喘不过气。

可是，最想放弃的时候恰恰也是最能坚持的时候。阿尔特这个项目是夏闯组织开展的，半途而废的后果不仅是中断项目运行，更重要的是辜负了其他小伙的辛苦付出。夏闯认为，线上艺术品销售平台的潜在市场很大，只要能把知名度打开，货源和顾客都不是问题。

夏闯对比了阿尔特与其他线上销售平台，比如美团网，他们的线上商家都是业务员在线下自己跑出来的。业务员针对每家不同的商铺制定出专属的优惠政策，吸引商家入驻美团平台；又通过微博推广、发传单等形式来扩大消费者市场。这样的方式不需要太多的成本投入，却能达到不俗的宣传效果。

为了拉客户，夏闯和小伙伴顶着烈日、冒着大雨，一遍遍往返成都周边大大小小的手工艺品市场；为了扩大客户群，夏闯在微信群、QQ群、微博等社交软件平台上进行宣传，被屏蔽、被拉黑是家常便饭；为了与装修公司、室内设计工作室、广告公司等需要购买艺术作品的商家达成宣传和销售合作，夏闯常在公司门口一等就是好几个小时。就这样，阿尔特顺利渡过了初创期的种种难关。

创业，是一条很长的路

目前虽然"阿尔特集中营"已经初具规模，甚至可以说小有成就，但夏闯仍然觉得他现在的状态其实并不适合创业。他说，"因为创业这件事不是一件简单的事，它涉及到方方面面，市场敏感度固然重要，可只有这个是远远不够的。要创业，必须得有能力，要能干实事。推广、宣传、销售、管理每个环节都不能马虎，我觉得目前还有太多的东西需要学习"。

谈到大学生创业，夏闯有自己的想法，"大学生创客相对于普通创业者来说压力比较小。身处社会的人，往往由于家庭、年龄等客观原因，让他们有更多的顾虑。他们惧怕失败，因为失败的代价很大，所以做事情畏手畏脚。但是大学生不同，创业只是一种体验，成功了最好，不成功也不会有太大的损失。顾虑比较少，做事情就更放得开"。

对比优势，大学生创业的劣势也十分明显。长期生活在校园内，大学生真正接触社会的机会不多，经验较少，对社会不够了解；想法虽多，但拿到市场上去并不一定适合。"可能这就是理想和现实的区别吧，创业不能空有一腔热血，不能只有创意，你得去考虑这个事情的可行性、可能遇到的问题和困难、市场前景、发展趋势等问题，不是说只有想法就行。"

对于"阿尔特集中营"今后的路要怎么走，夏闯没有太宏大的想法。他说，只想做好眼前的事，让阿尔特朝着正规的方向慢慢前进。这是他第一个创业项目，所以想用心把阿尔特做得更好。正如他所说，创业不是一件小事，团队管理、市场风险应对、宣传推广、商品销售，夏闯要学习的东西还有太多。

（三）结语

有人把创业比喻成一次追逐梦想的修行，有人把创业当做是一场无路可退的艰苦战役，更有人把创业看成是一种对自我的挑战。对每一个大学生创客来说，创业都是一条漫长的路。就像风雨后的彩虹，总要吃点苦头，经历过磨难，才能在湛蓝的天际盛放。

五、创业案例4——关键词：坚韧

（一）创业者档案

"微控校园"项目原型是以微信公众平台为基础，提供资讯类信息服务的大学生创业项目。经过近三年的发展，现已成为集资讯服务、职业教育、技能培训、实体经营为一体的多元化大学校园生活服务平台。项目团队先后注册成立了成都艺扬帆科技有限公司、薪火传教育咨询有限公司。联合创始人为刘吉彬、谢明宏、曹华麟。该团队曾获得2016年GSEA全球青年企业家创业大赛中国区冠军，同年立项为国家级大学生创新创业训练计划项目。

"双创"时代下,微控校园不断发展,其主营业务分为三大板块。

第一,"微控理工"微信公众平台。该平台以课表、成绩查询等实用功能,及贴近校园生活的资讯推送为主要服务内容,其结合了 B2B 与 O2O 商业模式。除发布关于校园新鲜事和要闻外,平台还打造了一个服务于大学生的高校社区消费生态圈。截至 2017 年,公众号已拥有高粘度用户 5.5 万人。平台营业收入主要源于广告、导流信息费、增值服务费、导购佣金等,交易额全年达百万元。

第二,微控教育。微控教育是"微控理工"于 2016 年 5 月筹备成立的面向在校大学生的职业资格教育培训品牌,主要培训课程有中学教师资格证、三级人力资源师和考研辅导课程。

第三,微控咖啡。微控咖啡是依托于"微控理工"和"微控教育"的线下实体店,位于成都理工大学理工东苑入口处,地理位置优越。其主要功能是为理工大学师生提供商务洽谈的场地和为"微控理工"及"微控教育"提供用户服务,强化"微控理工"和"微控教育"在学员及用户心目中的品牌形象。

图3—2(a) "微控校园"团队获得 GSEA 全球青年
创业大赛中国区冠军

图3—2（b）　"微控咖啡"实体店

图3—2（c）　"微控校园"团队办公场地

（二）创业者故事

创业者的初心

过完2017年新年，"微控"就两岁了。创业两年，"微控校园"在"互联网+"的创业浪潮中，顺势打造以成都理工大学为中心的高校社区消费生态圈。联合创始人谢明宏从一开始就将目标定位为服务成都理工大学师生，打造非官方的大学生生活学习助手，带领"微控理工"在 2016 年 8 月成功荣获"腾讯微校"八月高校公众号排行榜第二名。

谢明宏与其他联合创始人成立了成都艺扬帆科技有限公司和薪火传教育咨询有限公司。之所以用"薪火传，艺扬帆"，是因为谢明宏所在的传播科学与艺术学院简称"传艺"，这六个字也是学生会的会训。服务师生，是他的创业初心，他也始终对学校、学院心怀感恩。

创业没先想赚钱，只想在互联网+里冲浪

每个人在上大学之前都会对大学有着美好憧憬，谢明宏也不例外。大一刚入学，一个偶然的机会，他加入了外联部。谢明宏说"拉外联是一个不断尝试、不断被拒绝的过程……但这激励我换位思考，从商家的需求找突破。终于谈成了第一次合作，商家给了我 100 元赞助费。找对了突破口，实现了共赢，后来就有越来越多的商家愿意与我合作，我的业绩也跃居全部门第一"。正是那些无数次被拒绝的经历，打造了谢明宏的坚韧与执着。在外联部工作中，他时常需要说服商家为学生举办活动提供赞助资金，同时也要满足商家的营销需求。于是他开始认真分析校内师生和校外商家各自的需求点，思考如何运用"互联网+"整合资源，促进多方共赢。如果不能为快速革新的市场环境带来新东西，只是僵化地做事、僵化地喊口号，只为了谋取利益，是没办法走远的。于是他想到了微信公众号，学校的"微控理工"公众号吸引了他的注意，他认为这是打造校园消费生态圈的切入点。怀着对新鲜事物"不拒绝"的学习态度和认真负责的工作作风，谢明宏从外联部干事，一步一步成长为部长、学生会主席。他说："在大学阶段，除了专业课程的学习，大学生应该有意识地提高自己的综合素质以及就业胜任力，比如适应力、抗逆力、分析解决问题的能力、人际交往能力等等。"

谢明宏回忆他是在 2014 年 11 月加入刘吉彬创建的"微控理工"微信公众号运营团队的。当时大家并没有强烈的盈利目的，各自专业不同，优势各异，却各自发挥着力量，有着共同的价值观念与奋斗目

第三章 种子的诞生：初创期创业胜任力与创业绩效

标——不断完善"微控理工"微信公众平台。团队里有人负责技术，尝试开发很多有意思的功能，比如查课表、查成绩、圈子等项目；有人负责宣传营销，通过线上线下的活动吸引用户、提高用户黏性。经过一段时间的努力，"微控理工"公众号在学校有了影响力，校园周边的商家也开始关注这个极具人气的平台，逐步投入广告，渐渐地团队幸运地乘着"互联网+"的创业浪潮，开启了创业征程。

随着"微控理工"公众号在学校的影响力逐步扩大，曾一度被学生认为是学校官方的微信公众号，粉丝数量很快从几千破万，发展到现在已有5.5万人。在发展过程中，公众号不断地做"加法"，完善功能、承接各种业务；但随着商业味的增加，公众号的用户黏性受到了一些影响，"加法"运算也遇到了瓶颈；另外，各种公众号如雨后春笋涌现。思索之后，谢明宏他们深刻认识到不能一味地"求多""求广""求全"，而要进行"深耕"，只有专注在一个领域发展才可能更快、更好。在校园服务这一领域，找准针对性把服务做得更深、更透、更专注，才能屹立不倒。自媒体平台如今在国内迅猛发展，很多成功的媒体平台甚至需要依靠自媒体来帮助他们提高关注，这让谢明宏的团队看到了公司发展的希望。掌握大量的用户数据，才有可能为未来的发展创造更多的可能。

坚持与创新，感知市场很重要

在创业的过程中，明确目标后的坚持非常重要。"我们团队从2014年创业到现在，就坚持一个目标——打造数字化、全方位的微信公众号校园服务平台，最快捷、最方便地满足师生们在学习、工作、生活方面的需求。"在微控理工微信服务平台发展得如火如荼之际，谢明宏的团队并没有止步于此。在整合资源的同时，他们也很善于动脑，发现校园商机。针对大学生的需求，推出了与学生密切相关的教育服务内容。新的开始也伴随着新的难题，如何建立品牌的可信度，如何提升影响力，各类问题使谢明宏团队感到仿佛又回到了"微控理工"刚刚创立的时候。

"最早在推广'微控教育'的时候我们采用了一种最笨、最傻的方式来提升客户基础，就是发传单。一个一个宿舍挨着走，向每个宿舍介绍我们是做什么的，我们的特色、优势是什么。但同时，我们也注重数据采集与管理。比如，我们会划分团队到各个学院发放传单，最后订单成交后，我们会统计来自哪个学院的成单率最高，从而来判断团队的工作绩效并加以激励，把好的方法经验分享、传递。我们就是这样一步一个脚印，慢慢地把理工的市场打开了。"谢明宏在回忆自己的那段创业经历时说道。"创业，是个摸着石头过河的过程。除了探索积累经验，不断学习充电也很重要。"阅读是谢明宏一直坚持的事情。他调侃自己道，"虽然我算是学渣，但是我每学期看的书籍绝不会比学霸少。"

　　"微控教育"的负责人曹华麟分享，"我们最早在和客户、合作伙伴沟通的时候也没有窍门，只是制定了一条不成文的规矩——每一个微控成员在对接客户时一定要跟对方谈到他不想见到我为止。高频地与客户交流，用真诚打动对方，进而建立合作的信任。在学校里我没见过比我们更勤快的，我们一家一家地"扫"商铺、一个一个地"扫"寝室推广我们的业务。耐心地为商家、为客户答疑解惑，不厌其烦地沟通。所以，勤奋、执行力、毅力，是我们'微控校园'团队的胜任力。"

　　在创业的路上，谢明宏、曹华麟思考得最多的就是：理工校园的学生和商户之间有哪些需求能够相互匹配、实现共赢；我们能为此做些什么，促成一个良性互动的生态圈。带着创业初心，"微控理工""微控教育""微控咖啡"只是"微控校园"的阶段性成果，未来的机会还有很多。时刻感知市场变化，保持坚韧发展的态度，更好地致力于校园创业新的发展空间。

创业不能忽视团队的价值

　　现代管理学之父 Peter F. Drucker 说过："组织架构不是'自发演变'的，在一个组织中，自发演变的只有混乱、摩擦和不良绩效。"

第三章　种子的诞生：初创期创业胜任力与创业绩效

"微控校园"团队从几个人并肩作战到如今，团队作用巨大。项目的扩展意味着要吸纳大量的优秀成员扩大团队规模，并使之正规化。2017年4月，微控校园团队开始创新孵化子项目。团队成员刘瑾琪、艾静在项目已有成果的基础上酝酿打造新的创业项目，并获得了成都市第三届青年创业大赛"最佳潜力奖"以及国家大学生创新创业项目立项等优秀成绩。团队的创业思路与实践成果得到了专业人士的认可。这极大地鼓励了"微控校园"团队的士气，也让谢明宏、曹华麟意识到创业不仅仅是孵化项目，干成事儿，也要孵化团队，带出队伍。让团队成员有主人翁意识，有创业精神，敢想、敢为。

"必须要保持好奇心。如果不保持好奇心，做什么事情都感觉是可以的，是常规的，那就太可怕了。对任何你看到的事情保持质疑。比如，在团队成员来了没多久就选择离开时，我会发出疑问，这样的情况是员工的问题，还是团队的问题？抛出问题，剖析问题，才能追根溯源，从而解决问题。那么，我就要有这样一个理念，来带领团队找到问题。如果说我的人解决不了这个问题，那是不是需要换一个人来解决这个问题，还是说我需要给他更多的资源？这些都值得思考。"谢明宏如是说。在很多时候，他也会鼓励团队成员。他认为最好的方式不是语言，而是团队不断实现目标，取得成绩。只有在不断的胜利中成长，才会培养出自信心最强的团队。

"微控团队"最希望打造出一个与众不同的团队。而作为一个团队，就要有"团队精神"和"创业者精神"。人在一起叫聚会，心在一起才叫团队。注重团队建设的微控校园，凝聚了一群志同道合的创业者，强烈的成功欲、首创精神、冒险精神、睿智进取是他们身上共同的烙印。

学会和孤独相处

在谢明宏看来创业是一个非常自我的选择，它意味着你选择了另外一种生活方式。他说："就现在的创业情况来看，虽然很多人身体是去创业了，但意识上还没弄明白这是怎么回事。所以，要成为一个真正的创业者，就不要抱怨自己多苦多累，没有人会感同身受，同情你，理解你。学会和孤独相处很重要。"在很多时候，创业者的孤独是无法与人倾诉、分担的。独立地思考、果敢地决策、不被理解却执着坚持、大不了一切从头再来的勇气，这些都是创业者的常态。

谢明宏说："作为初创企业领导者，决不能等着组织成员自适应，等着所有人给出反馈或建议，要有前瞻性的独立思维，设计流程、计划预测、制订预案。发现苗头不对，或者已经验错，就要勇敢去革新，勇于与他人背道而驰，敢于取舍，敢于试错。"

创业，是一条少有人愿意走的路，更是一条少有人能坚持走完的路。所以，创业者注定是孤独的，但"孤独"正好是创业者最好的伙伴。

（三）结语

创业是让人精英化、卓越化的过程。通过"微控校园"的故事，可以看到：创业者，别被自己的学科专业所限制，别被屡次的失败所打垮，别为他人的反对而改变航向。坚持创业的初心，勇敢去追寻梦想，付出总会有回报。

创业是包括对机会的识别和获取、资源的评估和利用等一系列动态、复杂的过程。在创业中，创业者往往会陷入各种困境，[①] 遇到巨大挑战，只有具有创业胜任力的创业者才有可能走出困境。创业胜任力内涵丰富，对胜任力的培养不能急于一时。自主学习、学校教育、社会实践，每一个环节在胜任力培养过程中都发挥着举足轻重的作用。一口吃不成大胖子，找对方法才能在经验积累中不断提升、获得成长。

六、创业案例5——关键词：轻松还是严格

（一）创业者档案

全国智能人才库是成都理工大学2013级编导专业的周元在2016年创

[①] 木志荣："创业困境及胜任力研究——基于大学生创业群体的考察"，《厦门大学学报（哲学社会科学版）》2008年第1期，第114—120页。

建的网络平台。这个项目给创业者提供自我展示机会的同时，还让想创业但缺乏合伙人的创业者们有一个"购物"的机会。通过这个平台，用户可以看到其他创业者的能力和资源，分析其性格从而决定是否能与自己共同创业，最后进行洽谈合作。

周元的创意来源于创业一直受困于技术开发的制约，有许多创新点子的他一直想做出有特色的项目，但无奈不是一名程序员，凭借一己之力难以实现目标。通过多次尝试，周元发现认识的同学和别人介绍的朋友都不能达到他的要求，可选择的范围非常小。如果有一个平台能像购物挑选商品一样挑选自己合适的合伙人怎么样？这个想法促使他开展了上述项目，并在同年获得国家级大学生创新创业训练计划的两万元资金支持。

为创业者提供合适的合伙人，并且为其准备行业相关的沙龙活动扩大其人脉圈、进行融资等是智能人才库的工作。加大创业者项目曝光率、营造更浓厚的创业氛围、提高企业生命力是其目标。在市场竞争如此激烈的今天，创业者们就像生态圈里面的弱者，随时会因激烈的竞争环境和强者的"捕杀"而死去。扩大产品知名度和突破技术壁垒的前提便是人才，尤其术业有专攻并志向相投的合伙人不可或缺。智能人才库不仅是简单的创业者交流平台，更是一个技术交流和思维创新，开拓眼界、拓展大学生创业者人脉的重要资源库。

图3—3（a） 创始人周元（左）与王健（右）在公司的合影

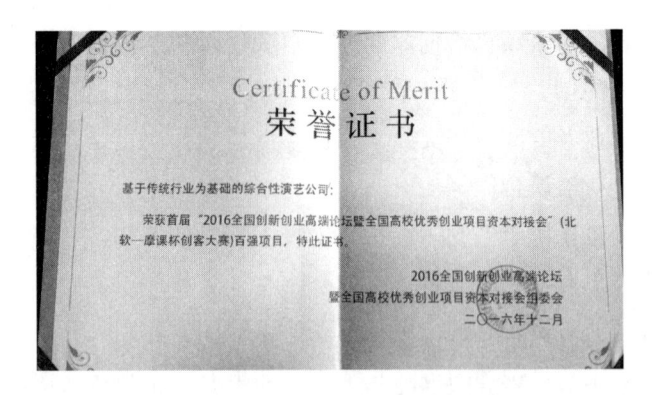

图3—3（b） 创业团队荣获"2016全国创新创业高端论坛暨全国高校优秀创业项目资本对接会"百强项目

（二）创业者的故事

做有意义的实践体验

周元兼职的种类数不胜数。他在大学期间体验了超市销售员、人偶扮演者、保安等类别的工作。周元发现这些工作虽能够增强社会体验、丰富阅历，但对于专业的提升并没有太大帮助。

最早的"全国智能人才库"是为人才提供一系列的培养计划，从前期筛选到专业相关的兼职再到组建团队、资金对接等，为可靠的人才提供保驾护航式的创业机会。

然而，这个项目从开始便不被看好，为更好地完善项目，周元开始找了许多专家咨询其可行性和发展方向。然而许多人告诉他，互联网就像一片大海，你的资源和想法目前只是一块小石头，扔进去将没有任何回应。

十面埋伏

尽管如此，周元并没有放弃，他决定从最简单的做起。"如果没有资源和资金做一系列的人才培养计划，那我就从创业者的团队组建

第三章 种子的诞生：初创期创业胜任力与创业绩效

入手，让天下没有找不到合伙人的企业。"在这个想法的促使下，他不断寻找着需要创业伙伴的人，并将其信息挂在网上。果然没多久，这个小平台就活跃了起来。创业者们纷纷交流自己的想法并寻求技术帮助。让周元没有想到的是，这个平台虽未促成创业者进行真正的企业合作，却让大学生们在参赛和项目实践上找到了合适的伙伴。这虽和最早的预期目标不太一致，但至少做了一件非常有意义的事情。

然而，项目后来的发展并没有像预想的那样顺利。由于购买的网站因版面设计和功能已不能满足用户需求，不断有创业者扩张迅速。留言提出质疑。2016年7月的一个留言上甚至写到"这个平台太水了，什么功能都没有。说白了就是创业者们的专属聊天平台啊，干货太少了！"。看到这，团队意识到曾经的想法和运营模式已不能满足创业者的需求，没有人愿意为单一功能而长期活跃在这个平台。

2016年10月，在立项国家级大学生创新创业训练计划之后，小伙伴王健提出让周元寻找专门技术人员继续开发这个项目的想法。这让周元疑虑重重，如今学互联网开发的学生真的能胜任项目的研发工作吗？抱着尝试的心理，他们将电话打向了"微控理工"创始人刘吉彬。对这个项目，刘吉彬非常感兴趣和支持，每过一段时间就会过问进展情况。

功能的预设是开发前的准备工作，负责技术的甘涛向周元询问清楚所有的功能设置以后，表示这些程序都能实现，这让周元松了一口气。两个月后，当周元再次询问项目的进展时，甘涛却很遗憾地告诉他，因为学院各种课程及相关琐事没能顺利地开发出模型，这让周元松了两个月的心一下子又紧了起来，随后就是对项目还没走向未来就可能失败的失落与无奈。

时间紧迫，开发网站的事情拖得越久，用户流失得就越多，王健决定协助周元一起紧盯这个项目。十天后，甘涛邀请了做外部前端的朋友，直接开始敲代码。看到网站的事情又有了眉目，本来熄灭的创业热情又在周元心中重新燃起。在同几位"码农"一同奋战的日子里，周元也在不断地反思，为什么同样一批人，做同样的事情，前后的差别就这么大？周元发现自己和王健犯了巨大的错误，那就是懒惰。认为把事情交给信得过的人，就可以当"甩手掌柜"了。他们放弃了对任务和执行任务者的监督。意识到问题之后，周元着眼项目的前进方向，制订了第一份真正意义上较为详细的阶段任务计划书。

雨过天晴

作为大咖推荐的技术人才，甘涛自然也不平凡。拥有创新思想的他不仅在沟通时一边协调技术问题，还一边为项目出谋划策，这确实让周元吃了一惊。"我们一直以为做技术的就是趴到电脑前，等着收到文案后，直接提出技术反馈然后闷头干活的呢！没想到这么厉害。" 2017年4月，项目后台搭建完成。看到这个功能齐全的后台，小伙伴王健激动地跳了起来。对于不懂技术的他们来说，这完全就是一个新的领域，也是公司的又一重大跨越。

（三）结语

自由的团队氛围和充满创造力的文化是企业在初创阶段达到和维持高效率的重要手段。作为总负责人，特别是大学生创业团队的领导者，创始人不管在任何阶段都应该对自己和员工张弛有度。团队规模小，很多事情需要创始人投入大量的时间和精力，加上课程设置在很大程度上又限制了大学生创业者的自由空间。当遇到一些不是力所能及，却又恰好得到外部帮助的情况；或许是害怕表现太过强势而打破愉悦的气氛，想当然地放松，等着拿现成的成果。在持续的高压工作下，创业者一旦出现对创业任务放松情绪，会容易失去对员工工作状态、创业任务完成进度，甚至会失去企业前进方向的把握，这对创业而言，将是致命的打击。

七、创业案例6——关键词：融资对创业企业的意义

（一）创业者档案

RYM公司成立于2016年初，注册资金1000万，Mr. Liu为实际控制人。公司以经营车贷房贷等业务为基础业务，致力于开展创新小微金融业

务。RYM 目前基础业务稳定开展，劣势是创新不足。

Mr. Liu 于 2010 年与风控总监 Miss. Wang 一起搭档工作。2013 年 Mr. Liu 认识了业务总监 Mr. Jiang，二人于 2015 年开始合作，且十分默契。Mr. Wang 是 RYM 的融资核心骨干及某知名私募平台风险和法务负责人，他擅长从法律、财务、商业运营等多方面综合构建风险管理体系，除此之外，还是 Stenden University 国际企业管理硕士和中南民大法学学士。

Mr. Jiang 曾任职于某知名车贷公司，8 年从业经验为他积累了丰富的实际风控经验。Mr. Liu 说"我的合伙人是我迄今遇到的最好的伯乐，他对我的信任和包容是最大的支持。做事的过程中，很多事需要信任，否则根本走不下去"。在创业团队里，所有合伙人之间的彼此信任是公司最宝贵的财富。在大学毕业后第三年，Mr. Liu 有过创业想法，并开始筹资，但是在筹资阶段受到打击后就放弃了。毕业后第五年他开始了第一次创业，当年就实现了盈利并连续盈利数年，但后来 Mr. Liu 以项目发展空间不大为由退出了该公司。

创业失败的体验，对于 Mr. Liu 来说更多的是来自于他两次个人作为团队骨干的创业型公司工作经历。公司在一定时期内取得了较大成绩，但因决策层对业务不理解以及架构的调整导致公司发展遇挫，他不得不离开。其实离开对于 Mr. Liu 来说是最好的选择。在一个创业型公司里，如果高层领导不仅对业务不理解还不弥补错误，这个公司也一定走不远。如今的 Mr. Liu 是 RYM 公司的初创人员和核心骨干，是互联网金融行业资深从业人员，拥有丰富的平台建设、互联网金融优质资产项目资源与经验，还是公司的 CEO。即便如此，Mr. Liu 现在还在对外经济贸易大学国际商学院攻读 MBA。

（二）创业者故事

成功，是知道自己想要什么

有了初期失败的经验，Mr. Liu 更加知道一个公司成功的关键是什么，开始想要创办一家有自己风格的公司。经过马不停蹄的前期准备，RYM 公司最终成立。

创业的资本，成功的保障

对创业公司来说初期资金来源是最大的困难，特别是像 RYM 这样的金融创业公司。Mr. Liu 是幸运的，公司创建之初亲朋好友就对他十分支持；在公司起步时身边信任的人都对公司提供了一定的资金。比如 RYM 的合作方之一是 Mr. Liu 6、7 年前的一个借款客户，当时 Mr. Liu 在市场上拓展一种抵押贷款业务，而这位合伙人当时有借款需求且满足贷款要求，便成功获得了贷款。后来几年他们各自发展并保持良好的沟通。在对方得知 Mr. Liu 有创业想法后，经过几次论证，决定投资。Mr. Liu 非常感恩这位合伙人。公司发展到一定阶段开始融资。第一步，公司启动资金，房租、办公设备、工资等；第二步，有一定的自有资本进行放款；在上述两步完成较好，有一定规模之后，进行第二次的资本融资，用于扩大业务规模。打一个比喻，资本是企业经营的血液，好的团队、好的项目，充足的资本，缺一不可。创业资本的附加值很重要，在接收资本之前也要尽可能多地了解资金方的背景，除了资金以外，是否可以为创业项目带来其他的战略价值？当企业具备了团队、资金以后，其他资源或战略价值是帮助企业成功的重要砝码。

公司目前主要是以资产业务进行融资。因为 Mr. Liu 的初期设想就是以这个基础业务来建设团队，为以后的创新业务做准备。虽然现在 RYM 发展比较顺利，但 Mr. Liu 也有考虑过失败。他说："在创业过程当中的很多压力是不曾预想到的，各种综合问题的体现是在不同发展阶段展示出来的，过程中体会到了前所未有的压迫感。"

优秀，是不断地提高自己

Mr. Liu 要求员工必须要正直，"三观"要正。即使将来在他的公司里挣到钱了，也要体现正能量和正确的价值观。在 Mr. Liu 的公司里员工的专业成绩或许不是那么重要，但是为人必须要诚恳、上进、有执行力、好学、合作、坚毅。有了这些品德，加上努力，成功终会不期而至。Mr. Liu 说他以前合作过在读实习生，大学生们还没有真正进入社会，他们优势在于听话且理论基础较好，对新事物的理解力、接受力强，但劣势就在于被动，上手慢；有些考虑到大公司所提供的舒适性，专业度，这对创业公司来讲不适合。

即使毕业多年，为了公司的发展和自身价值的提升，他依然在求学。他说自己也是一名学生，但是工作经验丰富的学生，平时爱好做运动、看电影、读书，但不管做什么一直在思考。他认为思考和思维能力是创业者最需要具备的东西。虽然"能力思维"只是短短几个字，但却值得每个创业者细细品味。

偶像的力量，让自己一步步前行

创业是一件非常艰苦的事情。可能在创业初期因为没有足够的资金而心烦意乱，因为公司决策失误造成了损失而无助，这些 Mr. Liu 也深有体会。他崇拜所有思路清晰的创业者，尤其是华为集团的老总任正非和融创中国董事及执行总裁孙宏斌。Mr. Liu 说最崇拜这两人是因为他们的经历和故事。他们都来自农村，一路上知道自己想要什么，更知道才华应该施展在哪里，通过自己不断努力，最终走向成功。

现在已算成功的 Mr. Liu 说，"创业者不应该把工资当做是自己的收入"，因为创业初期付出的辛苦和薪酬根本无法成正比。Mr. Liu 不太赞成大学生创业，他认为："大学生还没有积累够一定经验，这个阶段大学生应该做的是广泛获取各种经验和教训，为以后创业梦想积累能量。但大学生应该具有创业思维，创业不是一句空话，希望大学生为创业做好了所有的准备，并且时时都有目标，为了这个目标持之以恒地去努力。如果这样做了，即使失败也收获了经验和教训。尽管还不够强大，反正年轻，大不了一切重头再来。"

(三) 结语

资金问题是许多大学生在创业时感到头疼的第一个问题。对此，稚嫩的学生式回答通常是"我还没想好"或者是阿Q式的"优秀的创业者从不会担心自己项目没有人投钱"。创业融资有像 Mr. Liu 这样典型的自筹，也有找天使投资或其他风险投资的方式。大多数创业者选择前者，因为后两种的门槛和风险比较大。对普通大学生团队而言，仅靠自己在一段时间找到大额投资相当困难。今天我们所看到的获得大规模融资的大学生创业企业例如 OFO、快看漫画等，在获得融资之前都是靠自筹的方式，完善项目短板并成功表现出了发展潜力才获得投资人的青睐。许多创业实践者和学者都指出，在自筹时，凡是涉及到资金问题，创业者务必谨慎与细心。在此之前，尽可能完善相关文件，有些创业企业度过了创业最艰难的初创与生存期，却在公司前景一片大好的时候倒下，原因就是股东之间从企业创立之初就注定纠缠不清的利益关系。

笔者建议大学生创业者，不论选择哪一种获得资金的方式。均要谨慎估计阶段所需；要有明晰的阶段投入与产出分析；细心制定融资文件，不要低估或者高估利益纠纷带来的麻烦。

八、创业伙伴分享：从认同到参与

从认同到参与

"选择正确的领导者和团队，创业公司的目标就有实现的基础。"这是很多风险投家投资企业时的经验之谈。即便你已经专注于某个很有意思的领域，而且做到了顶端，还是会有很多竞争对手挤破脑袋地参与进来，想要分一杯羹。不管你正在从事哪一个领域，创新创业的初期都会困难重重。如何跟上时代的步伐，在创业大潮中顶风前行？答案是依靠一个能力互补的强大团队。

我叫王文靖，就读于成都理工大学传播科学与艺术学院视觉传达设计专业。除了学生，我还是"阿尔特集中营"的管理者之一。经历了创业初期的种种历练，如今，"阿尔特集中营"在负责人夏闯和小伙伴的共同管理下已逐渐步入正轨。

似乎带着一股子与生俱来的冲劲儿，刚上大一的时候，为了更加

第三章 种子的诞生：初创期创业胜任力与创业绩效

深入地了解大学是什么样的，我一口气申请加入了好几个学生组织和社团。与此同时，我还担任班级里的班长和视觉传达设计专业年级负责人，身兼数职，常常忙得不可开交。可即便是这样，布置给我的任务我也从未推脱，不论是不是我所擅长的，我都会全力以赴，做到最好。

我喜欢挑战未知的领域，每一次都能得到新的锻炼。在这无数的未知领域里，当然也包括创业。上大学之前，我和大多数人一样，觉得创业是一件很虚幻、遥不可及的事。虽然从小独立自主的我心里一直对创业有那么点意思，不过一直没有好的想法，直到同专业的夏闯找到了我。

我就读的成都理工大学传播科学与艺术学院近年来推行扶持大学生创业的"种子计划"，用于鼓励和帮助有创新创业想法的学生。在一次期末课程展览中得到创业灵感的夏闯，想要做一个有关于大学生艺术品线上销售的平台。可创业不是一个人的事，寻找到优秀的创业伙伴是创业之路的起点。

在视觉传达专业，因为做事情"认真负责"，老师和同学们对我的评价都还不错，也是因为这个原因，夏闯很快找到了我，让我跟他合作创业。一连几天，夏闯不停地跟我讲他创业的想法和计划。从想要创业的初衷、大学生艺术品销售的市场前景、平台的商业运行模式到创业团队的建设，夏闯把自己心里的构想说了个清清楚楚。原本对创业还有些顾虑的我，被夏闯的执着创业梦想和创业内容打动了。

我特别喜欢《中国合伙人》这部电影，因为有青春和梦想的味道，也是这部电影，让我更加肯定有梦想就要勇往直前！

周星驰的电影里有一句经典台词，特别俗却十分在理："人活着没有理想，那跟咸鱼有什么分别！"九零后的我们，有大把的时间，充沛的精力，为什么不能为了理想去拼一拼？

我不能告诉你，夏闯和我的创业之路接下来是一帆风顺地向前迈进，因为层出不穷的问题和困难一浪接一浪地迎面而来。

由于平台建立时间不长，很多同学不放心将自己辛苦制作的作品放在阿尔特保管，也不相信阿尔特有能力把作品卖出去。

　　理想与现实永远存在差距，只有参与，才能体会其中的苦辣酸甜。在创业过程中，一定要计划好每一步，把每一步落到实处。作为一个团队的负责人，创业初期往往要一人身兼数职。创业除了对知识、经验与人脉方面有一定的要求，更需要建立团队意识，把每个人的优势最大化。基于对生活共同的热爱、兴趣、爱好和天赋，我和我的小伙伴们相聚在一起；又基于共同的价值观、信念，我们建立了深厚的情感和信任，并在这个过程中，共同去开启一项事业，这就是创业团队的建立。

　　从认识创业到真正参与创业项目，对我来说，也是一次蜕变。一开始，我只是做一些简单的资料整理和文案策划工作，总感觉自己没有真正地参与到平台的建设中去，直到和小伙伴们外出拉客户，才让我第一次感受到了大学生创业的艰辛。只有参与，才能体会其中的酸甜苦辣。分析市场变化趋势、管理团队、拉客户、找货源、建立人脉关系，这些似乎与"艺术"毫不沾边的事，已成为我所熟知的事。现在，除了"阿尔特集中营"，我还负责另外一个创业项目"巴蜀文化与川菜器皿设计"。在首届"川博杯"校园文化产品设计大赛中，我们团队设计的参赛作品《千面》取得了第三名的成绩。这是我在创业路上获得的第一个荣誉，也会成为我创业之路的新起点。

　　相较于我们成长的道路，创业可能只是人生中的一件小事，但它不是一件简单的事，在当下移动互联网时代更不是凭创业者一个人努力就能够做好的事。

―――― 第四章 ――――

青苗的成长：生存期创业胜任力与创业绩效

依靠"云＋网＋端"的网络基础设施在经济、社会、生活等各部门、各领域的扩散、应用，"互联网＋"展现出"网络连接"和"融合"的本质特征，推动产生新的技术革命并形成新的技术—经济范式（阿里研究院，2015）。技术变迁推动经济范式迁移的过程也造就了商业模式的衍生和创新。优质网络平台的数据挖掘和算法工具根据消费者浏览习惯和相关数据的关联性定点推送或投放广告，为每个消费者提供量身定制的购买参考；通过传感器等物联网设施设备实时收集与反馈用户消费习惯、行为等细节数据，企业盈利模式升级，从传统的商品生产、服务销售"一次性盈利模式"跃升到帮助用户分析、挖掘消费潜力的"数据驱动价值"的盈利模式，企业的核心竞争力转向挖掘和运用数据资源的潜力。

新兴互联网企业风生水起之时，对传统产业的大学生创业企业而言，利用大数据转型似乎已成为企业保持竞争优势的必然选择。与此同时，新兴的大学生创业企业经过初创期的首轮淘汰，"熬过"来的新创企业完成阶段性创业任务，创业者领导地位和创业团队搭建已基本确立和完成，但真正的创业者不会停止前行。

第一节　生存期创业者（创业团队）创业胜任力结构特征

"互联网+"推动网络、数据和平台运用从简单到普及、从粗放到精深，技术浪潮的推动和精细化提醒创业企业保持核心竞争力必然要走向"互联网平台上经济运行规模的创新"（阿里研究院，2015）。伴随创业企业的发展进阶，企业面临的创业环境更加复杂，初期成功路径的依赖可能会导致发展阶段与创业任务的不匹配，进而引发、导致生存期风险。

抗御企业内外不确定因素的干扰、确保创业企业按照预期发展、抵御不良影响等生存期创业任务要求创业企业增强适应不确定创业环境的"抗逆性"（彭伟等，2013）。一方面，创业市场发展速度惊人，初创期极易复制的创业模式导致创业者和团队刚刚跨过创业门槛而入，后续即有迅速跟进且日益庞大的竞争者群落蜂拥而至，多数从创业之初轰轰烈烈到后来偃旗息鼓，甚至已不见踪影的大学生创业企业经历的周期不过一年即为鲜活的证明。另一方面，创业任务完成的困难指数较之之前已大幅上升。在初期扩张模式下，新型互联网创业企业往往凭借"对的时间对的地点对的idea"就能轻易获得风险投资，但创意产生于"巴斯德象限"，[①] 当相似的商业模式和产品服务扑面而来，特别是伴随着互联网初期红利的减退以及大量资本的涌入，残酷的"红海"竞争势必促使风险投资者们回归理性。

顺应互联网创业的行业背景和发展竞争态势，本阶段创业企业发展的目标和任务要求企业设计科学的发展战略；创业任务要求创业企业需迅速提升网络运用的创造和开发能力，实现从"工具"到"平台"的推进，以抗御初期易复制的"井喷式爆发"模式在转型期带给企业的潜在风险。关键任务是确保企业核心业务的稳定，保持健康、稳定、持续发展的内在动力。这需要具备"坚韧"特质的创业者和高度凝聚力的团队为其提供支

[①] 普林斯顿大学 Donald Stokes 教授在其著作《巴斯德象限：基础科学与技术创新》中提出的关于科学与技术创新之间的关系模型。

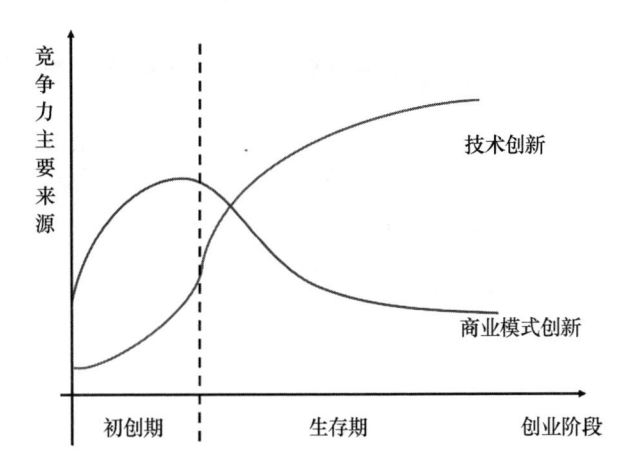

图 4—1　互联网新创企业生存期竞争力主要来源变化

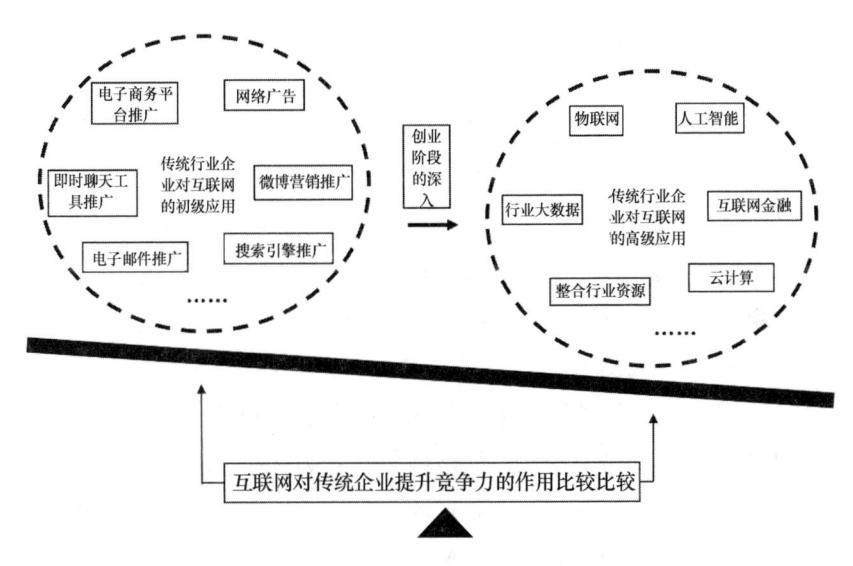

图 4—2　互联网对传统企业提升竞争力的作用演化

持。鉴于此，此阶段胜任力结构体现在创业者个人"弥补短板与坚持到底"、创业团队"核心价值观的高度统一"两个方面的特征。

一、创业者个人创业胜任力关键要素：弥补短板与坚持到底

大数据本身"大量、多样和及时"的特性决定网络平台的聚合和链接提供了海量数据的同时，是否能抽取、利用甚至提供这些数据信息则成为创业企业未来发展一较高下的根本。在以"连接"为特征的新创业时代，基于价值创造的商业模式创新（罗珉等，2015）鳞次栉比，技术创新周期不断缩短，频次日趋加快。

创业决策考验创业者承担创业风险的"抗逆"能力和对未来发展规划的战略思考能力，要求创业者梳理创业企业发展的现实问题，客观评估解决问题的可能性和程度。"自己的企业究竟能走多远，怎么实现？"如果说初创期的大学生创业者还带着一定程度上试探性创业的态度，生存期的创业者就需要理性地思考创业企业的未来并做出适宜的发展转型。

通常来说，基于商业模式和技术优势的共同演进式创新通常具有巨大风险。但是，如果只限于提供创意点子，而止步于参与这些点子从产生到完成应用的全过程，创业企业的影响力和发展的潜力将大为受限；反之，纯粹走技术路线的创业企业，则面临技术壁垒一旦被突破，竞争力将彻底丧失。正如参与创业者（止步于创业初创期的创业者）和亲历者（经历互联网创业初期阶段，在新的创业阶段转型的创业者）所言，适应"优胜劣汰"、移动互联网时代创业企业生存的"丛林法则"就是永远保持危机意识，在不断挑战自我的过程中完成"重塑与新生"。是从时代变革对社会实施影响和变化的本质角度去主动改变创业者思维模式，还是选择利用创业工具去顺应创业环境的变化，都是对大学生创业者胜任力的重大挑战。

此时，无论是新型互联网创业企业还是传统转型创业企业，理性的创业者面临生存期艰巨的创业任务表现出较高的自我效能，能迅速感知并有效应对创业艰难现实的挑战，展现出较强的"抗逆性"。通过自我反省、深度学习，适时调整创业企业发展战略，引导创业企业克服危机。基于商业模式或技术创新为盈利模式的新型互联网创业企业创业者应意识到，经过粗放式增长，企业本阶段发展需协调商业模式与技术创新二者间的关系以获得均衡发展；而传统创业企业创业者则需要拓展渠道资源，以更加有

效地对接和促进传统创业企业在线上、线下平台的互动,实现"转型"。

二、团队创业胜任力关键要素:基于企业发展战略的核心价值观高度统一

进入生存期,风险投资者(VC)感兴趣的就不仅是有意思的点子,更需要被投资的团队有执行这些创意和想法的能力。加之创业过程的不确定性,创业团队成员间出现冲突的现象普遍存在(华斌等,2013),生存的压力与创业过程不确定性风险叠加,较难以突破增长极限的企业面临要么坚持到新的投资者注入资金盘活企业,要么被同类型但更具优势的企业兼并,甚至直接被淘汰出局。

面临生存期艰难的创业任务,团队成员依靠嵌入创业企业组织成员的人际交往,通过交往中的意义建构达成对创业情境,特别是对创业企业战略性发展的集体共识(潘安成等,2015)。尽管有实证研究认为异质性的团队成员构建更有利于创业团队决策,但人口学变量和成长经历的异质性并不影响成员间因企业发展战略的关键问题产生争议,反倒是因为思考问题的不同角度更能促进团队在新创企业发展战略问题上达成一致性认知。创业团队成员的高度参与一方面有助于弥补创业团队在面对创业风险决策时的不足,另一方面则能强化对创业目标一致性和创业任务的认同感(朱苏丽等,2012)。依托高质量的团队决策,大学生创业团队可以降低创业任务所受的不确定性因素影响,帮助创业企业实现转型期间的平稳过渡。

第二节 生存期的创业胜任力结构与创业绩效

创业者的自我效能作为中介影响创业企业绩效(Medsker et al,1994;周键,2016)。根据创业者对创业企业5年内战略规划中对企业发展不同规模的期望,具有高成长期望的创业者被称为"成长导向型创业者"。[1] 这

---

[1] 张玉利、闫丽平、胡望斌:"新企业生成中创业者成长期望研究——基于CPSED首轮调查数据分析",《管理学报》2010年第10期,第1448—1454页。

类创业者积极拓展市场，相较于对创业企业发展持一定规模的"适当规模型创业者"，他们在面临创业资源整合时会表现出更为积极主动的特质。

据对创业领域案例的分析，随着创业阶段的延伸，特别是进入生存期及后续发展阶段，创业团队凝聚力越强其团队创业绩效越好，且凝聚力强的团队成员之间基于核心价值观的情感共鸣和默契的团队精神将增进成员间互相支持的"协同效应"（胡桂兰等，2010）。基于网络创业团队的研究证明了创业团队构建，尤其是团队凝聚力培养对三年以上新创企业创业绩效的重要性；同时，跨案例研究表明，新创企业的团队协作有助于创业企业成长路径演化，使其形成高度的组织灵活性以应对复杂、动态创业环境。

制约传统企业互联网发展的是企业初期发展的管理模式，既有优势产生的路径依赖、思维惯性往往导致企业发展及成熟期的衰败，[1] 传统优势反而成为创新的阻碍。张瑞敏曾就迎接互联网时代的组织管理模式变革指出，在这个时代发展的企业终将成为平台型的企业。[2] 就组织管理模式而言，工业时代"科层制"的管理为企业制定了规范的管理流程，提高了生产效率并为企业带来持续的利润，但在互联网创业时代，这一经典管理模式正在经受"考验"并已悄然发生变化。原有职能明确且界限清晰的管理思维正逐步被"平等、交互"等互联网理念所打破，金字塔型由上至下的管理层级正逐渐被扁平化，新兴互联网创业企业组织架构中，"无边界"的"零管理"模式出现。

在调研和访谈中，生存期的大学生创业者表示，互联网"红利时代"褪去后，传统企业转型与新兴的互联网企业在同一产业领域的竞争更为激烈。是利用互联网趋势而为还是单纯地发挥其作为工具的不同认知观念，可能造成创业企业发展的迥异"命运"。受访大学生创业者普遍认同员工为事业发展的伙伴，在管理中经常采用情感认同的方式获得成员的理解、支持及信任；而对员工的访谈和多次关于企业日常管理的实际观察均证实

---

[1] 王吉斌、彭盾：《互联网+：传统企业的自我颠覆组织重构管理进化与互联网转型》，机械工业出版社2015年版。

[2] 新华网："张瑞敏：大型企业在互联网时代必须要转型"，http：//xinhuanet.com/fortune/2016-11/24/c_135855153.htm。

创业者上述观点。从创业者到所有成员都清晰地认知并明确自己在创业企业发展中的位置和分量，创业企业实际管理绩效已验证：（1）高投入状态的创业者对生存期企业成长的关键性引领作用。作为创业企业 leader，创业者身上体现的坚韧品质对团队成员形成正向激励，加速团队价值观的聚合；（2）生存期团队价值观凝结对创业企业发展的重要性。团队成员产生基于内在驱动型的自主行为，从而自发地保持积极的工作状态；（3）"无边界"管理模式对中小型新创企业的价值。流畅的沟通和交流减少企业转型期的"内部损耗"。简单地说，此时创业企业团队成员与企业间已不再是简单的雇佣关系，而转化为相互投资、共同成长的内在"联盟"。

第三节　生存期创业实践：创业胜任力与创业绩效的"互助"效应

一、创业者学习日记：置之死地而后生

我觉得我比较乐观，但又不全然乐观，我一般会想我失败是什么样子，但不会想我成功是什么样子。做好最坏的打算，这样即使失败了也不是全部，不能经历一点点失败就轻易放弃，一定要有一颗坚强的心。

我叫丽丽，一个80后，一个喜欢折腾、不安于现状的女生。上大学时就喜欢到处看，做各种兼职，甚至在淘宝才刚刚开始时，我就从市场上购买了衣服拿到网上卖，做起了小生意。大学毕业后，我进入政府部门工作，按理说，我得到了许多女生梦寐以求的"铁饭碗"，可喜欢折腾的性格不会让我停留下来，总是让我觉得似乎缺少些什么，空闲时间一多就会让我感觉自己太空虚了，好像在虚度光阴。

就这样，我在有"铁饭碗"的情况下兼职加入了创业大军。一开始，我找到了购物中心的一个位置对口做项目。合伙人向我推荐了做冰淇淋。于是，对餐饮行业没有任何了解的我聘请了顾问，从头开始学起。事情如我想象的那样进展还比较顺利，第一家店我是摸着石头过河，遇到了什么事情就解决什么事情，装修、招聘管理员工、与供应商洽谈、联系货源、学做冰淇淋等等都没让我少费心思。

我不知道是不是天秤座的人都会这样，但我这个人，永远不会觉得自己已经很不错了。要对自己的人生、职业，有一种危机感。可能会有不同的人、不同的事情或者行业来取代你。既然有这种情况发生，我何不自己站出来。我时常会想，如果我的店可以转型，转做其他的或者改变一些东西，我可以跟得上时代的步伐，那我就要跟上，不能让自己被拍死在沙滩上。

都说80后这一代很踏实，能坚持，肯努力，我姑且也把自己归入这一类吧。开第一家店时，店里的事情里里外外基本上都是我在忙活着，时间长了，打交道的人和圈子里的人也都与我建立了良好的关系，而我先生却参与甚少。后来，我意识到这样可能不利于家庭的和谐，才开始慢慢让先生接手，自己更多的是站在先生的背后，支持他，把握大方向。

在赚取了第一桶金后，我又陆续开了第二家店、第三家店，都是同样的餐饮行业。然而，第三家店就没有前两家店那么顺利了。因为缺乏经验，第三家店在前两家店还没有特别稳定，也没有进行充分调查研究的情况下，就轻易相信他人，投资60万在负一楼的地铁通道开了家冰淇淋店。由于步入地铁站的人都很匆忙，没有人专门停留下来品尝冰淇淋，我的第三家店生意惨淡，算是开失败了。

开第一家店时我对即将步入的这个餐饮行业知之甚少，什么也不懂，是在聘请的顾问的指导下边学边经营。可能由于运气比较好，身边的人和环境也都比较好，所以开店比较顺利。但当第三家店经营失利时，我开始主动学习，探索转型的路子。后来，我发现饮料是可以做的，且相对来说比较稳定。于是我果断将原来的冰淇淋店进行转型，改为适合地铁人群的快销贡茶店。

在这以后，我对餐饮行业方方面面的知识有了更多的了解。不仅如此，我还有了一个深刻体会，就是永远不能觉得自己已经一帆风顺了，永远要想得更多，思考得更长远。事业做得好时更要未雨绸缪，居安思危。

我会经常关注餐饮行业的变化,成都的餐饮发展得特别快,所以我对它特别关注。上海那边接触最多的是引进的一些国外的东西。虽然我的店现在还在做冰淇淋,但如果有合适的位置、合适的时间点,会开始上手做新的业务。

也许人就是这样,不置之死地,不会去思量"起死回生"的路。我就是典型,没有第三家店的赔本教训,我在餐饮行业所经营的店铺现在也许就不会这么顺利。

二、创业案例7——关键词:敢于转型的魄力

(一)创业者档案

丽丽(化名),女,上大学时就有创业经历。大学毕业后在政府部门工作,不喜欢刻板的工作生活状态开始创业,已在深圳开办了3家店(2家雪糕店,1家快销贡茶店)。以年轻人崇尚快捷、高效的生活方式为着力点,公司主要经营休闲类的轻餐饮业务。在快节奏、偌大的深圳,尽管这样的店面比比皆是,但能够经得起考验的,一定是独有特色和经营之道。

(二)创业者故事

挑战自我,奋力前行

作为整个家族里唯一一个做生意的人,丽丽在大学阶段就展现出不同于常人的想法和勇气。在淘宝刚刚进入大众生活时,她就抱着玩一玩的态度从市场上进衣服拿到网上卖,做起了小生意。丽丽是一个很有想法的人,大学期间就做过各种兼职,如礼仪小姐、产品销售等,这些兼职经历也让她接触到了不同的行业和人群,开阔了视野。大学毕业后,丽丽在政府部门工作,但她不是一个安于现状的人,喜欢折腾,重复的工作和生活让丽丽总想做点别的事情,能充实生活又不耽误本职工作,还能额外增加收入,抱着这样的想法丽丽开始了创业。最初,她选择在购物中心开了一家雪糕店,虽然经历了一些波

折，也有过失败，但现在干得风生水起。目前已开了3家店，在深圳也购买了属于自己的房子。

　　刚开始时，丽丽在一个购物中心找到了比较好的位置，就对口找项目，合伙人给她推荐了做雪糕。起初丽丽觉得很困难，面对即将步入的这个行业，她什么都不懂，便花钱专门聘请了顾问。装修也是一件让人很头疼的事情，头两年都在补装修的费用，也损失了不少金钱和时间。开业之后，还需要考虑招聘员工等各种细节，从管理员工到服务顾客，从购买材料到雪糕制作，她都要从头学起。在管理员工方面，丽丽更费了不少心思。她的团队中管理者都是女性，店长和员工中的女性也占绝大多数。一来这由餐饮行业的特性决定；二来对男性来说，餐饮行业的收入较低，所以餐饮行业男性员工的流动率非常高。90后的员工颇有自己的个性和特点，除了物质方面，他们更需要被认可和认同，还需要给他们更多的人文关怀。如，组织员工活动，主动去帮助他们，给他们以情感的关怀。也正是这样倾情的付出，尽管餐饮业员工流动率比较高，但丽丽的员工工作一年以上的有很多，很少有员工自己主动离职。在招聘员工方面，丽丽说她喜欢主动为顾客服务、踏实务实以及有执行力的员工，这也是为什么他们招聘时更加喜欢百盛出来的员工。因为他们很积极，会有主动的思维和意识。

　　丽丽说最开心的事是开业第一个月就赚了钱，当初以为这一个月肯定会亏损，且已做好了心理准备，没想到一个月下来反而盈利了。在赚到第一桶金之后，她觉得不应该只满足于这一家店的成功。用她自己的话说，花的钱多了，自然就想要赚多一点。之后，她又在另外一个商城开了自己的第二家店。正因为什么都不懂，很容易相信别人的话。丽丽的顾问告诉她，在负一楼的位置很适合做雪糕，在她自己也没有进行详细的市场调查，且先前两家店还不是特别稳定的时候，她就率性投资了60万，在负一楼又开了一家雪糕店。而这一次，丽丽的运气就不怎么好了。跟原来的客户完全不一样，经过负一楼地铁通道的人都很匆忙，急着赶路，不会刻意地休闲停留。地铁通道售卖品的定位一定要速度快，品牌吸引力还要足够高，或者是有一些味道能吸引顾客驻足。但冰淇淋没有味道，饮料是鲜榨果汁，做得又慢，所以那个店最终以失败告终。

在发现第三家店很难起死回生后，丽丽去了周围很多大型商场以及地铁商场做实地调研，果断将这家店转型为快销贡茶店。贡茶同雪糕不同，雪糕虽然有做好的材料，但种类繁多，消费者的选择必然呈现多样化。所以，雪糕店每天都要准备很多种不同的原料，根据消费者的需求现场制作，这样一来时间很长。另外，丽丽店里雪糕都是针对坐下来品尝雪糕的顾客加工制作的，不方便带走，加上雪糕本身易化，顾客坐在店里享用更合适。商场四楼的顾客大多很休闲，在购物闲暇时间内坐下休息，顺便品尝雪糕成为多数顾客首选。这也是她在四楼的店比较受欢迎的原因。而这一次她选择转型贡茶店则是因为茶类品种少，茶还可以事先煮好，顾客从买茶到拿手上只需要3—5分钟，包装方便带走，这无疑是为地铁等车的顾客"置身"设计的产品。因为还不到销售旺季，现在贡茶店的生意不温不火。丽丽说等到了旺季时再看看情况，如果实在做不起来，权当花钱买教训。

丽丽说自己比较乐观，但又不全然。总是做好最坏的打算，这样哪怕失败了也不是全部。她不会经历一点点失败就轻易放弃，而是始终有一颗坚强的心，且保持积极乐观的心态。

居安思危

丽丽说自己是属于运气比较好的那类人，但永远不能满足于现状，要想得更多，思考得更长远。人生、事业、都要有一种危机感。因为唯一不变的是变化，随时可能会有不同的人、不同的事情或者行业取代现有。要避免这样的事情发生，就要始终保持对行业高度的敏锐性，了解行业最前沿的东西，在适当的时候还要找到切入点进行转型，跟上时代的步伐。这种求思求变的心态和危机感一直贯穿于她的整个创业过程。

丽丽会经常关注餐饮行业的变化，就像购物中心，开的数量越多，同质化现象就会越严重。对此，她会考虑有没有一些新的东西。

如果深圳没有，就跳出深圳去看上海、成都、北京。丽丽知道自己做的东西不是这个行业最前沿的。因此，她每天都要了解行业的动向，知道现在最前沿的是什么。此外，虽然自己只做冰淇淋但同样也会了解其他的餐饮，或者有没有切入点可让自己尝试。她从来没有限定只做什么。在她看来，任何领域只要可以融入进去，就可以考虑尝试。

与家庭的关系

丽丽受妈妈的影响很大。妈妈说，"永远不能只碰一样"，激励她敢于在有稳定的工作后还勇于创业。

开始创业的那年，一直是丽丽在前面负责打理，先生完全不管店里的事情，因为所有的合作者都只认她而不认她先生。丽丽觉得，这样不利于家庭和谐，就跟先生聊，逐渐让他接手一些事情。丽丽不管在外面多么强势，都知道在家里角色是一个妻子，要让先生感觉自己需要他，需要他的关心，需要他的帮忙。先生有时候说话太直，让员工不高兴，他们便通过其他途径反应给她，随后丽丽从中调解，充当员工和先生间的"润滑剂"。她现在尽量在先生背后，以支持者的身份提醒他做什么、怎么做。

创业需要家庭内部成员相互支持。丽丽先生家是传统的客家人，他们认为女性就应该在家相夫教子。丽丽认为在家生孩子没有问题，但孩子不应该是家庭的全部。先生的观念和家族不一样，在这方面给予了她很大的支持。先生看她在外面工作很辛苦，曾提出让她不要工作了做全职太太。但丽丽认为妈妈说得对，女性不能与社会脱轨，工作可以让女性经济上更独立、自由，也收获生活的充实、快乐，最重要的是能实现自身价值。

有魄力，才有未来

丽丽说做餐饮一定要有良心。很多创业者都把利润看得特别重，但她更注重品质和食品安全。因为看到过社会上许多不良现象，丽丽觉得虽不能要求别人怎么做，但起码可以从自身做起。她说，做餐饮一定要明白底线是什么，做出来的东西一定要对得起良心。产品质量和安全卫生是品牌的基本要求。

未来，丽丽想以健康无添加为理念做一些更深层次的东西，研发出更多的美味。做无添加的食材，比如冰淇淋的色素也从食物中提取。虽然色彩不会很鲜艳，但冰淇淋可保留食材原来的颜色。此外，丽丽还将学习和采用更先进的经营理念和方法，引进所需人才，与更多乐观的人打交道，拓展交流圈子。同时，她强调，要做一个感恩的人。

（三）结语

创业是一个摸着石头过河的过程，遇到困难需要冷静找到问题根源所在，果断地做出决策。丽丽承认了曾经决策的失误，并迅速调整产品类型，及时转型。这既是一种果断的魄力，也是一种避免更大损失的理智选择。丽丽属于有较大胆识的创业者，对她感兴趣的行业，只要有心且有力，都愿意去尝试。但笔者在此更建议无论是新创立的企业，还是已经有了一些资本积累的企业，在进入一个新行业或者领域之前，务必做好全面且详实的调研，明确风险利弊。因为无论是从理论还是大企业致力于打造产品生态圈的实践，都证明把有限的资源投入在能相互支持而非互相干涉的领域中，才能有效提高资源的利用效率，引导企业走向成功。

三、创业案例8——关键词：失败的滋味不只有苦

（一）创业者档案

"比比兼职"的联合创始人之一李宝平现为成都理工大学硕士研究生。受家族熏陶，李宝平从小的梦想就是有一家自己的公司。他小时候替父母打工获得报酬，第一次创业和合伙人开辅导班，从两个人做到川内高校有300多个本科生和研究生入盟。但后来团队在运营能力上出现了问题，企业达到300多人时仍然采用50多人时的管理模式，第一次创业失败，还赔了一些钱。为了还钱，他四处找项目赚钱，还清欠账的部分节余成为后来这个项目的启动资金。

第三个项目就是现在的"比比兼职",它是 2015 年起做的线上平台,仅在同年上半年,李宝平就拿到了天使投资 100 万,当年的盈利有 30 万。公司收入来源主要是为大学生提供楼盘、车展、商场开业的礼仪、模特等兼职。公司发展定位于面向大学生市场的兼职平台。由于项目的地域性,扩展需要团队和大量资金投入。在兼职市场行业标准还不清晰的情况下,他们就决定在成都市场扎稳根。

图 4—1(a) "比比兼职"团队早的期办公场地

图 4—1(b) "比比兼职"团队现阶段的办公场所

（二）创业者故事

一个理工男的创业梦：只有努力才能配得上成功

作为四川省内大学生兼职企业的一匹黑马，"比比兼职"在李宝平和其他几个合伙人的努力下仅用了两年时间便做到了省内此行业的前三名。

家族影响

李宝平出生在商人家庭，全家人都做生意，从小他受到的熏陶便是怎样和客户打交道、怎样经营自己的公司……小时候，李宝平跟着奶奶在市场里工作，也参与过父母的公司招工，还拿到了报酬。虽然不是很多，但让小小的李宝平懂得了用努力换来钱的那刻是多么的满足。

李宝平第一次、第二次创业家里人给予他更多的是理解。他说，如果没有家人的支持，他也不会有现在的成绩。特别是在第二次创业时家里人还给了他许多建议，包括管理、合作、运营。但当时资历尚浅的李宝平没有真正领会到这些建议的真谛。当他创业时，家里人一致投了赞成票，爸爸、妈妈和奶奶还投了钱。尽管父母的态度是支持孩子的选择，但李宝平明白即使父母支持，自己也要学会对选择负责。如果成功了，他愿意和父母一起分享；如果失败了，已经成年的他就要承担后果。

"打工的"学生时代

受家族影响的李宝平从小的梦想便是要开个公司。有自己的事业，做自己的老板。初中毕业时李宝平的同学留言册上，同学们写给他最多的祝福就是开办公司顺利，事业成功。高中时满脑子创业想法的他就和老师一起办了辅导班。

在假期里李宝平常去给人打工。有一次去干土豆分箱的工作，他每天中午12点下班，1点又要上班，没有一点自由；工作死板，老板更是不给好脸色。在李宝平看来这种工作既没有价值，更得不到别人的认可。在多次的打工经历中，李宝平寻找到了目标。他没想过干的事业能多轰轰烈烈，但起码有价值、有意义。

第一次创业

2012年，李宝平成功考入成都理工大学。刚刚步入大学的李宝平是幸运的，他在加入的协会里遇到了一群志同道合想创业的年轻人，和他们开始了正式意义上的第一次创业。

因为高中时有过做辅导班的经验，经过市场调研，他们发现做辅导班仍然非常有市场。于是，一伙年轻人说干就干。刚开始时老师只有两个，到第一年结束时，他们开了5家店；第二年店面扩大到了30多个。鼎盛时期，整个四川省高校中有300多人的本科生和研究生在团队担任辅导班教师……，而当时这个男孩才刚20出头，念大二。说起这次创业李宝平有满满的自豪感。

但创业哪有那么多甜头让你吃？由于在企业达到300多人时仍然采用50多人时的管理模式，李宝平的第一次正式创业失败，还赔了钱。这次经历，也让李宝平头一次如此全面地了解到创业的艰辛。招聘办老师的态度直接转变，让他深刻地体会到从"爷爷到孙子"的现实变化。失败后，李宝平总结他失败的原因有很多：（1）跟教育局、工商局、城管、幼儿园以及合作方教学点的意见没有达成一致；（2）小看了竞争对手，太过于自以为是；（3）最重要的一点还是团队内部的原因。由此，他意识到商场永远如战场，时刻保持警惕和自觉，才能"胜者为王"。

这个永远充满干劲的小伙在创业失败后并没放弃"折腾"。为了还钱他四处找项目，拿到的第一个项目是组织川内高校创业计划大赛。他单独列了一个实践环节，还联系了陕西U吧洗衣液，并通过合作赚了一小部分钱。后来又找到招商银行成都分行，做成都市内大型批发POS机项目，也赚了一部分钱。用这些钱李宝平不仅还清了第一次创业时欠下的债，还剩下了不少结余。

重头再来

通过做辅导班，李宝平发现大学生兼职是个很大的市场。于是，他马上召集原班人马一起做策划和所有的准备工作。他们的努力最终拿下了天使投资的 100 万创业基金。

在"比比兼职"中李宝平担任创始人、法人代表，主要负责外部市场以及资源整合，接触学生、对接企业。另外一个联合创始人小梁则负责公司内部运作。现在每月的工资最多时，李宝平能拿到 3000 - 4000 元。如果是淡季他和小梁会通过加强宣传来增加用户粘度。他们把公司业务分为主营业务，如兼职平台和 APP 技术开发；而副营业务主要是针对淡季开展的代理记账。从刚开始创业时，李宝平就把"比比兼职"当成自己的全部，尽管现在它还不能带来太多的经济收益，但李宝平表示依然会付出全部的努力。他说"投入的时间、精力跟获得成果是成正比的"。

做兼职大学生的知心大哥哥

现在就读研一的李宝平很懂大学生的创业心理。大学生们做兼职无非是想锻炼自己，或是挣点外快。兼职没有太大的技术壁垒，竞争优势主要体现在服务上。目前成都地区大学生兼职的主要模式是办"兼职卡"，这导致好多大学生不能及时地拿到钱。李宝平为了不让这类情况在"比比兼职"内发生，不论他们跟商家之间是哪种结款方式，"比比兼职"跟学生的结款方式都是日结。另外，为了保证兼职信息的真实性，他们所提供的信息都经过精心筛选。

在"比比兼职"里，李宝平还给大学生们提供了一系列福利，如他们和做旅游的创业团队一起合作，提供给学生低价高质的旅游产品作为回馈；还会将老客户的信息登记入库，优先将兼职信息提供给他们；商家活动的剩余礼品也会送给他们，让大学生在挣钱的同时还有礼物拿。

一群拼劲十足的年轻人

李宝平无疑是幸运的,他在第一次创业时就遇到了一群志同道合的伙伴,即使中间经历了失败,他们依然在李宝平最需要的时候又纷纷和他站到了一条线。现在"比比兼职"的核心成员大多是和他第一次创业时的知己。尽管在这个过程中还是会有人退出,离开的原因和大多数创业公司一致,即"内部利益分配",这也是所有的创业公司面临的难题。

虽然"比比兼职"团队还会经常性地遇到这样或那样的问题,但现在最主要的制约是团队能力的瓶颈。李宝平说他们"急需在最短的时间内提升团队的能力"。定了方向后大家在行动上都会努力。执行上如果有消极怠工的情况,他们会进行总结,严重的会通过自我批评的方式促使改进。要让员工承担责任,但也会找到平衡的点,因为承担责任会让员工有反叛心理,主要是引导他们认识问题。他和小梁也让下属提他们在工作中的问题。现在最想去除掉的就是传统企业管理模式中的层级差异。创业团队不应该有层级,因为都是年轻人,让每个人发挥主观能动性才是最要的。"

再出发、规划"比比兼职"的未来

"比比兼职"是李宝平全身心投入的项目,一直在努力地完善。

在规划着比比兼职的未来时,李宝平打算再开发一个大学生健康平台,以社群吸引为主。因为创业5年积累了一些资源。但不管未来怎么变,依托大学生群体这个基点不变。

(三)结语

正年轻的李宝平知道"失败"二字如何写,但他更懂得失败后应怎样站起来。"回想创业经历,最痛苦的时候也是最有收获的时候,还是最幸福的时候。原来自己可以克服那么多困难,曾经难以想象。""比比兼职"在李宝平和团队所有人的呵护下像一匹骏马在努力奔跑。这一路上的酸甜苦辣，也只有他们自己清楚。所以，尽管创业很苦，也要一路坚持，因为只有不断努力才能配得上启程时的野心。

四、创业案例9——关键词：以真诚赢得认可

（一）创业者档案

杨潇磊，1987年12月出生，毕业于南京理工大学。现任"蟹逅"餐厅创始人、"好玩"餐饮执行董事、上海宇石信息科技公司总经理。

"蟹逅"餐饮成立于2014年，是一家以辣螃蟹和蟹料理为主营业务的连锁餐饮企业。在信息化、"互联网+"时代的大背景下，创始人放弃原从事行业转而创业，创办了蟹逅品牌，并迅速扩大规模。[①] 团队年轻、积极，充满创意和活力，将蟹逅螃蟹连锁料理打造成为了国内最大的螃蟹料理连锁品牌，直营及加盟店总计27家，店铺分布四川、云南、贵州、江苏等省。

图4—2（a） "蟹逅"团队的办公场地

[①] 邂逅餐饮管理公司，http://www.xiehou.co/。

图4—2（b） 杨潇磊（左起第2位）在邂逅加盟店

图4—2（c） 杨潇磊向客户作品牌宣讲

（二）创业者故事

当吃货遇见创业，是特别能吃苦？还是特别能吃？

说起"吃货"，其特点是"特别能吃"。谈起"创业"，离不开一个"苦"字。那么，当吃货遇见创业，是特别能吃苦，还是仅特别能吃呢？我们一起来了解一个吃货的创业故事。

创始人杨潇磊自认为是吃货一枚。他说："爱美食是一种生活态度，我希望有一天一定做一个私人餐厅，不为盈利只为喜欢，大家做、大家吃！"

杨潇磊，2012年毕业于南京理工大学探测制导与控制技术专业。毕业后，他并没有到部队或进入相关科研单位从事专业领域工作。因为大学期间就广泛参加各类社会实践，大四时，杨潇磊进入mysoft从事房地产软件ERP项目销售，先后在mysoft、江苏润和软件、用友网络科技有限公司任职大客户经理、销售总监、营销总监等职务。三家上市企业面向的客户分别是国内最大的房地产企业、全球化餐饮及酒店连锁企业。2014年，杨潇磊开始创业，在上海成立宇石科技有限公司，从事中小企业手机app开发及互联网业务咨询。2015年，由于互联网及软件行业遇到有业务但回款难的问题，他带着互联网思维开始转型做餐饮创业。杨潇磊选择独特的单品切入模式，定位以缅甸蟹为食材的螃蟹料理连锁，创立餐饮连锁品牌"蟹逅"。凭借之前的工作经历积累的大量大企业运作和管理经验，仅在2015年到2016年两年内，他就把蟹逅螃蟹连锁料理打造成为国内最大的螃蟹料理连锁品牌，直营及加盟店总计27家。店铺分布四川、云南、贵州、江苏等省。2016年考虑到整个餐饮行业正向"懒人经济"转型，外卖业务突起，各类平台相继推出小型快餐模式，他用了半年时间整合技术资源在餐饮行业开启了新的创业项目，正式推出无厨常温料理包。顾客可直接把成品在热水或微波炉简单加热即可摆盘做成盖浇饭，品类多达20多种，上市仅3个月就得到市场良好反馈，签约及合作商家已过千家。

树立品牌竞争力，靠独到的眼光以及不昧的良心

一次偶然的机会，杨潇磊尝到缅甸酱螃蟹。以一枚吃货的眼光，他觉得产品有市场，选择缅甸蟹这个单品入手，与餐饮业认真"邂逅"，开启了"蟹逅"螃蟹餐厅。由于从未接触过餐饮业，杨潇磊就

和厨师一起研究螃蟹的各种烹饪方式，还去缅甸挑选最好的原材料，一看见卖蟹的餐厅就去品尝，找差距。为了了解市场，他试吃目前国内其他品牌产品，用他自己话说"都快要吃吐了"。中国的食品安全问题一直让人堪忧，对此，他立誓，自己做餐饮一定要对得起良心。在做蟹逅螃蟹餐厅的时候，他坚持用进口缅甸蟹，坚持扔掉不新鲜的螃蟹，使用上乘的各种作料，宁愿赔本也丝毫不作假。蟹逅螃蟹餐厅的第一个实体店开业后，很快地又开了第二家、第三家，慢慢地竟有客人主动找上门想做加盟。这打开了他的思路，实体店的经营费时、费事，自己为何不启动双线合作模式，实体店加盟和休闲零食代理。两模式产品完全不同，互不影响旨在把更多好吃的东西带给大家，蟹逅新战略就此开始！后来，杨潇磊发现有很多人在为不能做出美味的料理而烦恼，在为餐饮行业请不到、留不住合适厨师而忧虑。于是他组建团队，上线无厨餐饮菜肴包项目。该项目运用日本先进生产线，通过国家质检认证，不添加任何防腐剂，直接开水加热3分钟摆盘即可，适合低成本餐饮创业、中式快餐厅、学校周边。菜肴包可以常温保存，只需3分钟就能做出大厨的味道，顺应了快节奏的生活，符合懒人经济规律，适用居家、网咖、外卖等多种应用场景，"享受美食，即刻出发"，这就是他的品牌竞争力。

快速拓展加盟业务，真诚以待是法宝

"真诚做人，靠谱做事"是杨潇磊的创业信条。他把蟹逅当成一份事业和心血，两年时间把"蟹逅"的连锁规模做到全国近30家店，靠的不仅仅是产品本身，还有真诚以待的做人方式。面对每位真心加盟的人，他都以诚相待，把利弊得失一一阐述，尽量用最客观的方式去为对方评估。杨潇磊说："多一个合作伙伴我就多一个朋友，餐饮真的是一门与人打交道的行业。餐饮也是个积累资源的行业，没必要为了这么点加盟费失信于人。一路走来我们走过弯路，走过错路，截止目前有单店年利润百万级的，也有投资过大，没能回本转让的店，我都不否认。但只要双方共同用心努力，盈利的店收入都不差，回本周期也不长。我从不胡乱吹嘘做蟹逅一定如何如何，但是能保证这是我杨潇磊用心经营的事业，我得带着它向前走，哪怕这是一条不归路，哪怕有一天走到尽头。"每多开一个店，杨潇磊就感觉多了一份责任，他努力不辜负每个加盟商的信任。他说："我们做事靠谱，也希望和靠谱的人合作，聊不来他给我加盟费我也不要。投资餐饮风险也不小，简单粗暴，做得好现金流就起来了，做不好马上关门大吉。蟹逅只是一个开始，我希望和更多朋友一起做事，有更多领域的合作，打造生态圈和共赢圈，后面其他好的项目可以一起玩众筹。"①

交流与分享，停一停、听一听，再出发

创业路上有诸多不为人知的心酸，创业是一种精神也是一种态度，更是一条"不归路"。杨潇磊感慨自己非常有幸在几年前听讲座的时候加了几位老企业家的微信。一位是把录相机引进中国的华录集团原董事长王松山王老爷子，一位是金箔集团董事主席江宝全江老爷子。这些老一辈的企业家每天都在传递着正能量。企业家精神生生不息，年近八旬都还在每天学习，接受各种新事物。这让他明白"拥抱变化，接受新事物，与年龄无关"。

异业的交流，能相互激进！杨潇磊会不定时与周围的兄弟聊天，每次聊天都感触颇深，让他思考"男人立足于社会的源动力到底是什么？找到源动力是需要物质激励，还是精神激励？每个人的人格不一样，我是该想想我核心的源动力来源于哪，又如何指导我去做事！男人都需要竞争，竞争来源于社会，也可以来源于你身边的朋友圈，越好的朋友兄弟越是产生竞争的源动力，大家用结果说话。每年年底大家相约好好休息下，分享下，互相交流下，你从事你的行业，做你的事业你有哪些收获，有哪些遗憾，哪些不足？没达到自己设定目标的话，相聚时就罚多买几次单！"

在做餐饮过程中，杨潇磊一直组织叫做蟹逅时（食）刻的交流活

---

① 来自杨潇磊朋友圈。

动,组织所有合作伙伴、所有加盟店不定期交流,互相分享学习;还有跑步、登山、旅游等活动,他希望集结一群人做一切有意义的事!

低头做事,更要抬头望天!思想要活跃,践行始终如一。杨潇磊通过与朋友的交流与分享,对个人成长和企业发展的道路不断进行自我认知和反思。

强身、补脑、团队,一个都不能少

"今天去买书,送了两颗种子引导培育并互动。体验和互动成为当代社会的两个关键词!强身健体补脑一个都不能少!""不知不觉都2点了,有时候看书会让人忘却时间!"这是杨潇磊朋友圈发过的关于读书的状态,其实这样的学习、补脑是他创业之路的常态。他学习,但对主流观点从不盲从,常有自己独到的观点。比如他认为"营销是法,产品是道,模式是术,各类平台各类渠道及媒介是器""场景消费是未来的趋势,但寻找场景真的是一件简单而又复杂的事情,所以得入口者得王道"。

(三)结语

在餐饮业的创业路上,杨潇磊认定的团队必须是一群爱美食、爱生活的人。他时常与团队的伙伴头脑风暴,进行思维的碰撞,然后共同勇敢执行。作为创始人,杨潇磊说"要想授人以鱼也好,授人以渔也罢,首先很多东西得自己深谙其中真理,用心思考,很多事更得亲力亲为"!所以,他时常静下心来重新核算及分析各店经营的一些核心数据,反思每一次遇到的问题。同时,他也强调"干事、创业一定不是单打独斗,一定要打造好团队!"

五、创业案例10——关键词:不可替代的品牌优势

(一)创业者档案

陈日婷,1992年出生于海南三亚,2014年本科毕业于中北大学后入职创维集团工作,2015年6月辞职创业。她是一起上(深圳)传媒科技有限

公司创始人兼 CEO、网谷双创街联合发起人、公益组织蝴蝶汇 AGN 成员，从 2015 年至 2017 年分别以"90 后·什么人在创业""盗梦计划""梦想进化论"为主题，策划多场次以创业与投资为主题的活动。

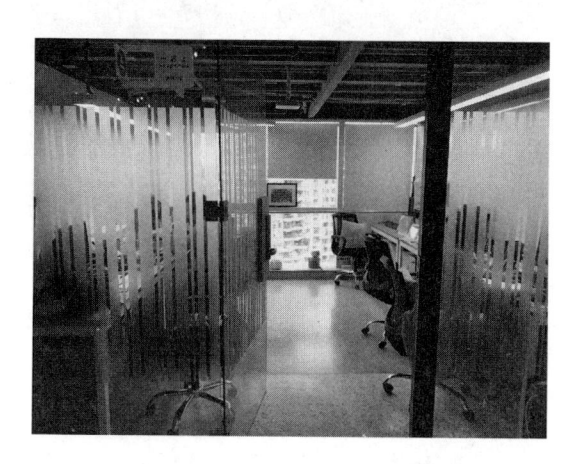

图 4—3（a）"一起上"的办公场地

图 4—3（b） 陈日婷

图 4—3（c） 陈日婷与研究团队负责人的合影

图4—3（d） "网谷双创街"启动仪式

（二）创业者故事

自带光芒的创业女神

陈日婷，一个永远充满活力的"小太阳"，工作时投入、思维敏捷，俨然一副女强人的模样，笑起来眼角弯弯的样子又如邻家女孩般亲切可爱。尽管才25岁，这个年轻女孩身上展现出的睿智和敏捷的才思却悄然盖过多数同龄人。"叫我阿日吧"，初次见面，陈日婷即展现出她超强的亲和力，微微上扬的嘴角，言谈间始终绽放着微笑，让人不自觉地想倾听。于是，在一个阳光明媚的夏日午后，这个90后的创业女孩，于创业之都深圳，与我们娓娓道来她颇为"传奇"的创业之路。

播洒梦想的种子

陈日婷出生于海南三亚一个普通家庭，姐妹兄弟4人，她排行老二。自她有记忆的日子里，父母一直兢兢业业地工作，他们教育孩子们要用辛勤的双手换来家庭生活的富足。父母淳朴的言行、躬亲示范在陈日婷幼小的心里深深植根，以至于小学写"我的梦想"作文，她写下开超市的愿望，并起名"日日升"。提及此，陈日婷莞尔一笑。因为名字里有个"日"的缘故，她好像天生就特别热情和开朗，也正因如此，吸引了一大群跟她一样乐观、上进的年轻人，他们中的大多数是自愿放弃高薪加入到她的团队，为了共同的梦想执着前行。对于我们提到这体现的是创业者的领导力时，陈日婷的目光变得温柔。她说由衷地感谢母亲，正是母亲在教育和培养子女上的远见卓识，对少年时的她有深远的影响。让她从小就清楚地知道要追寻什么，也铸就了自己坚毅和永不言败的品格。现在，母亲依然是阿日顶礼膜拜的偶像。母亲的微笑、电话那头的三言两语，总能赐予阿日无穷的正能量。

进入大学，陈日婷并没有停下追寻的脚步。尽管学的是中文类专业，但对商业发自内心的热爱，指引她在大学社团中找到了合适的链接点。广泛地参与社团活动，得到师兄师姐的倾力相助，让陈日婷愈发自信。其间，以实习生身份在香港参加活动的亲身经历，在多年以后依然鼓舞她。虽然出生普通、没有华服锦衣，但只要拥有真正的才干，依然可以卓越不凡。"越努力越幸运"。因为参加"品牌中国"的经历，陈日婷遇到了生命中的"贵人"王老师。老师不仅在她毕业后一直关心并给予她在创业资源上的支持，还为她树立了一个创业者、管理者的典范。从王老师身上，她看到了创业者传递的精神力量；从她那里，也继续传递这份创业的坚守和执着。

梦想照进现实，创业起航

儿时成长历程对坚韧的理解、求学期间对品牌和创业的领悟，都在时间的积累中慢慢催化。入学毕业，陈日婷在众多学子中脱颖而出，进入创维公司，负责电商领域方面的工作。一切看起来似乎波澜不惊又如此平静。直到"双创"热潮兴起，在深圳这个从来都充满拼搏和奋斗气息的城市，创业的激情和热情再度被点燃。感受到身边人的激情澎湃，回望自己的初心，陈日婷觉得是时候做点什么了。2015年6月，陈日婷从创维电商正式辞职，同年8月在不到两个月的时间里，她获得天使投资 100 万元。一时间，即使是在深圳这样不乏创业传说的创业之都，大家都在纷纷点赞这个从海南走出来的 90 后创业者。

领导一群跟自己年纪相仿的年轻人一起创业本身就不是一件容易的事。"大家把前途都压给了你，不好好干总觉得亏欠大家"。作为团队 Leader，对于公司发展的定位，陈日婷从未停止过思考。在选择进入的市场领域时，直觉且果断地选择了自己从大学学生时代就从事和熟悉的品牌推广。而身边同龄人创业遇到的苦恼启发她 Idea 迸发，"何不做一个为我们 90 后年轻人创业公司进行推广的项目呢？以我们的专业服务于他们，获得双赢"。这个大胆的想法看似脱口而出，却经历深思熟虑。因此，当这个点子被提出，便获得合伙人一致认可。说干就干，在这个追求速度的创业时代，没有什么是可以耽搁的！

笑对创业维艰

爱笑的姑娘会有好人缘。在这个激情创业的年代，身边年轻的创业者都是"拼命三郎"，女性创业者特有的温柔和亲切，让陈日婷获得了"小刘涛"的美誉。的确，创业实属不易，能把艰难的事业做得云淡风轻，本身就让人由生敬意。经历了"互联网+"创业的低门槛，随着大量蜂拥的创业者纷纷挤入市场，残酷的竞争开始拉开帷幕。其中不乏大量曾在行内处于领导地位的公司，在后期之秀异军突起后于激烈的竞争中惨败下来。面临要么裁员、要么缩减规模的窘境。这样的竞争压力自然波及到"一起上"这类新创企业。压力最大的时候，陈日婷说自己已然很焦虑了，但不能在员工面前表现出来，因为他们需要自己这个主心骨。甚至有员工说，"阿日你在公司我们才觉得安心"。听到这些话，尽管阿日每天睡眠只有 3—4 个小时，但她仍然打起精神，面带微笑，告诉自己为了大家，为了公司不断地自我调整，最终还是挺了过来。

"我也明白创业就是一条征途。出现问题，解决问题，在无数次想要放弃中坚持着，也在无数次思考中迭代"阿日的这番话像是一个哲学家，也像是一位体会了生活酸甜苦辣的老者。

创业过程中的大部分光阴都在迷茫中摸索。必须要有一颗强大的内心。创业这件事，除了需要感性的一腔热血，更需要理性的思考和沉淀。正如阿日所说："创业中，有种无形的力量逼着我去学习、去思考。"

品牌的力量

"行胜于言"。靠着自己和团队的真诚、不放弃、不言败的倔劲儿，"一起上"不仅顺利跨越初创企业发展"分水岭"，还由于在90后创业群体中优异的表现，获得多家知名企业伸出"橄榄枝"。2017年6月24日，"一起上"与招商产业集团、前海立方等多家企业作为发起单位，联合打造"网谷双创街"，华丽亮相深圳蛇口，CEO陈日婷作为嘉宾之一出席发布会签约仪式。

真诚对待身边的每一个人，哪怕他是一个陌生人。在我们的访谈中，侃侃而谈的阿日不仅让80后的我感受到了90后年轻一代执着于初心的美好，更让我们为其真诚和善良感动，面对一个陌生人，可以做到如此直言与坦荡，着实让人敬佩。对创业者而言，友善地对人、不计回报地帮助别人并不是期待可能某一天别人也会给你回馈，而是一种自发的品格和自觉的行为。因为在他们成长的道路上，获得过很多人的帮助，这些人中有的甚至是陌生人。艰难时期团队的守望相助、身边朋友的倾力扶持，乃至陌生人的关心都可能成为他们渡过难关的强大动力。因此，对于他们而言，自然会有"予人玫瑰、手留余香"的感恩之心，这是一种"助人者自助"的效应，更是创业者应有的担当和社会责任。

独行疾，众行远，所以要"一起上"

创业者的创业想法大多数是在大学的土壤里萌发的，阿日就是其中一个。在学生社团中，阿日的工作可谓雷厉风行，但是管理学生团队和管理公司员工却有着截然不同的方式。管理者要学会分析不同人所拥有的特质，努力挖掘、发挥员工的最大潜力。作为公司的创始人，阿日既是思考者也是行动者。在创业过程中，阿日经历过员工的离职，也解聘过员工。她深知让大家梦想同景、齐心协力、步调一致、情感共鸣，是团队建设的关键。所谓"独行疾，众行远"，作为创业者既要率队在创业浪潮里争分夺秒地疾行，又要在创业漫漫征程中坚持远行。通过引领感召、协作磨合，经历过一次次锻炼团队的"战役"，阿日已经有了一支战斗力极强的团队，"一起上"取得了诸多阶段性胜利。

汇聚青春正能量，亮出品牌

创业之前，阿日制订了自己今后将要走的路。在创立"一起上"的初期，阿日将一起上定位为"科技教育公司"。随着公司的不断发展，阿日意识到这种定位可能需要进行改变。她开始注重"声音"，将平台打造成一个"为90后创业而生的服务新媒体"，帮助90后创业者们发声，让更多人认识、认可、支持90后创业者。准确地说，是打造助力青年创业的社群驱动型新媒体。通过线上、线下的平台，以媒体为流量和依托，为创业者提供创业指导、融资、品牌包装、宣传推广等服务。以挖掘30岁以下青年创业创新为主，致力于成为最受欢迎的年轻人创业成长社区。阿日说："创业资源需求的演变从孤军奋战到产业生态资源分享，而'一起上'便是品牌营销体系中的服务商，包括线上到线下，具体表现为媒体、宣传推广、流量资源、双创活动。"

于是，从2015年至2017年，阿日作为发起人，分别以"90后·什么人在创业""盗梦计划""梦想进化论"为主题连续三年举办了新青年高峰论坛，更是在2017年参与组织了中国首个品牌活动，为青年创业者搭建平台，亮出品牌。目前为止，一起上已经报道了200多个年轻人的创业项目，在深圳、北京、上海等地举办各类沙龙、论坛等百余场，社群成员2000多人。"一起上"正汇聚青年创业者，激发青春能量一起上！

（三）结语

阿日，这个25岁、自带光芒、传递正能量的女孩，不仅在创业道路上阔步前行，还积极投身于写作与公益。虽然在追求事业和生活平衡的过程中，她也曾迷茫与困惑，但始终保持向上的力量。不畏将来，不念过往。在创业上，她心有猛虎，坚定追逐自己的梦想，树立品牌；在生活中，她细嗅蔷薇，优雅地追寻自己的诗和远方，活出了自己。

六、创业案例11——关键词：创业者专业领域胜任力

（一）创业者档案

"松塔文化"的全称为成都松塔文化传播有限公司，是一家以VR全景内容制作为主营业务，集航拍、影视制作、商业摄影、广告制作等文创类产品生产及服务于一体的文化传播公司。公司负责人是来自成都理工大学传播科学与艺术学院的四名在读大学生——冯杨、魏铂晗、李其轩、姚昱。

这家年轻的公司目前已与众多知名公司和电视台建立了合作关系，如商业地产公司、四川电视台、成都市市政单位等。成立"松塔文化"的目的在于将新兴的VR全景拍摄技术和商业房地产、文化教育培养和区域旅游等项目结合起来，通过新颖的展现方式提升消费者体验。同时，更好地规划客户的宣传投入，用最低的成本获得最佳的传播效果。公司成立以来，策划并制作出成都全景、天津全景、平武藏乡、新都桥、皇帝桥、梦鹿露珠宝全景展示等代表性作品。

"松塔文化"总经理冯杨与VR初相识于一场新媒体创新大赛。该赛事由新华网、新华社四川分社、四川博览事务局联合举办，面向所有四川大学生。在比赛中，由冯杨和小伙伴们组建的团队创造性地融合了全景技术与H5、超链接、视频、图文和互动等多种新媒体方式，制作出了以"720度全景俯瞰进口展"为题的优秀作品，用独特的视角成功地将首届中国西部（四川）进口展的现场盛况搬至云端，观众身临其境地感受了展会现场

的热烈氛围。独特的展现方式和精良的制作技术帮助冯杨团队一举拔得头筹，成为真正的"闪光侠"。

在国内VR市场日渐火爆之时，相较于市面上其他文化传播公司，冯杨团队的核心竞争力在于无与伦比的创意、精良的制作、专业的无人机拍摄和后期制作。面对激烈的市场竞争，松塔的对应策略是主打VR内容上的差异化。虽然VR技术已广泛使用于诸多领域，但受众的感受方式主要停留在"看"的层面，这相较于传统媒体更多只是在视觉效果上进行了升级。由于VR设备等因素的限制，普遍缺少在优质内容方面的互动。看准这个空白后，冯杨团队抓住市场，在强化VR体验感的同时，致力于全景VR进入由"看"到"动"的全面沉浸阶段，增加用户互动。

2017年2月27日，成都松塔文化传播有限公司51%的股权被四川金杯集团所收购，交易金额达500万元人民币，开启了"松塔文化"新的发展阶段。四川金杯集团是一家主要开发文化旅游地产、健康产业、生态农业等项目的综合性大型企业，其集团资产规模超过50亿元。而"松塔文化"作为在创新创业风潮下兴起的大学生创业公司，不仅在生产VR内容、新媒体运营、影视制作等业务方面有着过硬的本领，更是充满了"90后"的热情与智慧。未来，双方将加速在VR内容领域的"再创新"，以技术推进区域旅游向智能化转型，发挥双方最大优势，在新环境下实现跨越式发展。

图4—4 "松塔文化"公司

（二）创业者故事

创业者的专业领域胜任力

过完 2018 年新年，"松塔"就满两岁了。创业快两年，"松塔"从名不见经传的小公司到制作出刷爆成都人朋友圈的《成都最炫 VR 全景，别再说你没来过成都！》，其间经历过什么，没有人比冯杨和他的小伙伴更清楚。

冯杨是地地道道的成都人。老话说："少不入川，老不出蜀。"大意指因为天府之国的生活方式太过安逸闲适，容易让本该为理想拼搏的年轻人失去努力打拼的动力。可对冯杨来说，成都不仅是他成长和学习的地方，更是他创业梦想萌芽和实现的地方。

积累经验，有意识地培养自己

2016 年初，成都松塔文化传播有限公司正式成立。拿到营业执照那一刻，那种无法言说的兴奋和激动，冯杨到现在都记得清清楚楚。而当时，他还只是成都理工大学的一名大三在读学生。

从小就对新鲜事物充满好奇的他，在老师和家长眼里，一直都是个"不守规矩"的孩子。"我好像一直以来好奇心都特别重，对新事物特别敏感，只要我关注了就会去深入了解，感兴趣的话我就一定会去把它学会才肯罢休"。冯杨觉得正是因为自己身上的这种特质决定了他走上创业这条路。

为了让自己的各方面能力都能得到锻炼，尽可能地吸取社会经验，冯杨从大一开始就有意识地参加各种社团和学生组织，几乎是只要有面试就一定去，只要被录取便全力投入工作。到第一轮招新结束时候，冯杨已经加入了 5 个学生社团。虽然课业繁忙，工作任务又紧，但只要有机会能够锻炼自己，他都会努力争取，认真对待，全力以赴。冯杨说，虽然加入了如此多的组织，但一开始他就只给了自己制订了一年的时间作为体验期。在冯杨看来"时间太长，这么多部门我肯定无法兼顾；但如果时间太短，又没办法深入了解工作内容，学不到什么东西，所以一年的时间刚刚好"。

大二上学期，经过深思熟虑，冯杨推掉了其他工作，仅留在了成都理工大学"云立方学生传媒中心"的新媒体工作室。为了将起步不久的新媒体工作室带领好，冯杨利用课余时间不断提升拍摄技术和文案编辑功底。冯杨说，他从不拒绝老师布置的任务，不是因为不好意思开口，而是觉得每一项任务都能让他多学一样东西，解锁一个新技能。

因为对新鲜事物"不拒绝"的学习态度和认真负责的工作作风，大三时冯杨已经成为云立方学生传媒中心"新媒体工作室"理事长。也就是这一年，冯杨的"创业梦"开始有了苗头。

抓住机会，感知市场很重要

暴风雨来临之前的海面总是一片寂静，冯杨也按照自己的预期稳步前行，直到他看到了四川省大学生新媒体创新大赛的比赛通知。这场由新华网、新华社四川分社、四川博览事务局联合举办的比赛不仅仅是一次新媒体创新大赛，在新媒体语境下更是被寄予了宣传中国西部（四川）进口展暨国际投资大会的期望。

在成都理工大学"云立方学生传媒中心"的支持下，冯杨和小伙伴魏铂晗、刘吉彬组建"New New Man"团队参赛。这支由冯杨和伙伴们共同组建的参赛团队也"松塔文化"的前身。

在这场旨在以运用新媒体为手段，宣传中国西部（四川）进口展暨国际投资大会的比赛中，冯杨团队抽到的比赛题目是"展馆"。"展馆是什么样，大家都能看见，我们得来点不一样的。"没有独特的创意，也没有好的切入点，比赛一开始，冯杨团队就感受到了前所未有的压力。在全面梳理了所有线索之后，冯杨认为"用辛苦工作的礼仪小姐做线索，展示馆内场景布置的特色之处，把展馆和展会介绍清楚，再用工作人员的辛勤劳作等细节丰富主题"似乎是一个可行的方案。灵感一涌而上，说干就干！文字、图片、视频等媒体形式早已为大家所熟知，为了找到让观众耳目一新的新形式，冯杨和小伙伴认真研究了比赛要求，"无人机"三个字成为冯杨团队克敌制胜的关键。

按照主办方的要求，所有参赛团队的整个参赛过程都会被全程录制，为了不让团队的创意泄露，直到比赛的最后一天，冯杨才偷偷请来了两位小伙伴李其轩和姚昱成进行整个项目的拍摄和全景制作，之后又不断进行反复的修改，熬夜红肿的双眼成了冯杨团队的新标志。不负众望，"New New Man"的作品一举拔得头筹，由冯杨和小伙伴们共同组建的团队创造性地融合了全景技术与H5、超链接、视频、图文和互动等多种新媒体方式，制作出以"720度全景俯瞰进口展"为题的优秀作品，用独特的视角成功将首届中国西部（四川）进口展的现场盛况搬至云端，让现场观众身临其境地感受展会的热烈氛围。

比赛结束，冯杨觉得他一直在等待的创业机会已经来了。"VR全景技术的运用市场几乎是空白的。市面上的VR技术普遍在游戏和视频领域运用，但将VR技术和全景拍摄结合起来并不多见"。冯杨认为，国内的VR市场潜藏着巨大的商机，他们参加比赛的这个作品不仅是一次进口展馆的呈现，还是一个以新媒体技术为支撑的大平台，只需替换相应素材、超链接就可另作他用。这样的模式完全可以用到地质勘探教学研究、商业宣传，是一个具有商业价值的创新。

在不断变化的市场中寻找商业的"白色地带"，是创业者必须具备的能力，也是创业初期胜任力的体现。创业胜任力一直以来都被看做是创业的核心能力，一个绩效优秀的创业主体想要胜任企业创业任务并取得优异的创业绩效，知识、能力、特质和技能一个也不能少。[①]

在问题的不断解决中变得更好

在这场互联网创业热潮中，显然冯杨团队是成功的，但成功来之不易。

同普通创业者一样，冯杨团队的创业之路也并不是一帆风顺。虽

---

① 冯华、杜红："创业需要怎样的胜任力"，《浙江经济》2005年第16期，第60页。

然比赛的胜利为他们积累了一点经验，可拿不出新的作品，"闪光侠"荣誉也不过是过眼云烟。四个初出茅庐的大学生，企业管理不足、客户资源匮乏、考虑问题简单、团队协作不力，各种问题迎面而来。冯杨感叹道："对创业者而言，各项能力的综合是创业过程中最必不可少的环节。"

让冯杨记忆最深刻的是在天津进行的一次外拍。拍摄之前，由于团队没有全面考虑可能出现的各种突发情况，只带了一台无人机前往拍摄地点。正在拍摄的关键时刻，图传系统突然出现故障，画面无法显示。客户心生不悦，冯杨也觉得十分尴尬。所幸最后故障得到修复，才算顺利完成了拍摄任务。

这件事给了冯杨一个教训。从此之后，只要外出拍摄，他都会尽可能考虑到有可能出现的各种意外状况，并提前拟定解决方案，以确保万无一失。冯杨说，公司运营之初，每一笔业务都十分重要，不能因粗心而失去顾客的信任。在一步一个脚印的坚持下，"松塔文化"业务量慢慢增加，团队也由从原来的4个人变成10多个人。但新的问题又接踵而至。团队不断扩大，如何协调各个成员之间的工作，合理安排任务，挖掘每个人的不同能力，让冯杨感到头疼。

作为一名大学生"创客"，冯杨吃过不少没有经验的亏，也有过给黑心客户交学费的经历。在一次项目的执行过程中，原本谈得非常融洽的客户，收到作品后竟然将他们拉入联系人黑名单，使得团队无法与其联系，也没能收到项目尾款。气急了的团队成员只能"不厚道"地更改了后台密码。这样一来，对方无法正常使用作品，便悻悻地打来电话表示愿意付清尾款。这是他们第一次亲身体会到社会的真实。冯杨说，"在学校，我们被保护得太好了，老师、同学都极力为我们提供帮助。有些特殊的处事方法，真的要在社会中经历过才能学会"。

坚持，是最好的品质

真正让冯杨团队拥有大批网络粉丝的作品是2016年4月刷爆成都

人朋友圈的《成都最炫VR全景，别再说你没来过成都!》。人潮涌动的春熙路步行街、大牌云集的远洋太古里、充满文艺范的宽窄巷子、安逸的人民公园、文化氛围浓郁的杜甫草堂，成都标志性的景点都在冯杨的作品里一一展现，仿佛带领大家完成了一次精品成都游。作品的成功不是偶然，高质量的作品背后是无数次反复修改和深夜熬红的双眼。冯杨说，成都全景的策划是16年春节想到的。因为VR全景技术十分火热，形式也很吸引人，而成都作为一个旅游城市，一直以来都是各地游客出游的首选城市之一，冯杨希望能用自己的设备带大家更加全面地认识成都，感受成都的美景。

关于推送时间，冯杨和小伙伴"特意"挑选广告学出身的冯杨，因为他对此有自己的见解。为了得到更多人的关注，他们选择在4月2号（清明节小长假前日）把这个作品推送出来，因为此时正值假期出游高峰期之前，通过这个作品，外地的朋友可以提前感受成都的美景；本地的朋友也能在不同的景点中找到对成都这座城市的记忆，勾起大家的情怀。

有好的设备，更要有好的创意和内容。冯杨希望能用自己的力量，让所有拥有VR设备、喜欢VR技术的人观看到更多更好的作品。

面对团队里的分歧，从开始的相互不理解到后来的同心协力，冯杨已经摸索出了建立团队意识的方法，即每个人都可以自由地表达意见，但要遵从少数服从多数的原则。没有人是天生的成功者，冯杨也不例外。在创业的这一年多时间里，冯杨有过彷徨、有过失望、有太多无可奈何、有想过半途而废，可不服输的性格让他选择了坚持。冯杨也用事实证明，只要坚持，你想要的时间都会给你。

胜任力培养，不是一口吃成个大胖子

虽然大学期间担任了"云立方学生传媒中心"的理事长，也曾管理过好几十号人，组织举办过大型活动，可面对公司里的大小事务，冯杨有时也会力不从心。没有经验的他靠着闲暇时间阅读"管理类"书籍、参考其他大学生创业公司的管理模式、请教老师和合作伙伴等方式，一步步摸索，逐渐找到了适合"松塔"的管理方式。

在松塔文化成立之前，在 VR 领域的创业几乎没有值得参考的企业蓝本。在满是荆棘的创业之路上，冯杨团队用一次又一次的尝试，一遍又一遍的改进逐渐摸索出适合自身的体系化创业模式，制订出科学的合同拟定方式，规划了清晰的拍摄流程和详细的器材突发应急预案。冯杨私下和朋友们笑称，松塔的每一步真的都是在"摸着石头过河"。持之以恒的努力和付出换来的是"松塔文化"四个字被越来越多的公司和网友所认识。网友们称赞他们为"大学生创业中的最强王者"，专业领域的前辈评价他们是"眼球经济时代下，少数能够沉下心来钻内容，有思考有技术的 VR 从业者"。

经历了初创期的磨砺，现在的"松塔文化"已经逐渐步入发展正轨。短短的几个月内，他们在北京、成都、杭州、郑州等城市连续举行了十余场路演，其间陆续有风投企业向冯杨团队表达了投资意向，但涉世未深的松塔文化对合伙人的选择报以十分谨慎的态度。冯杨深知，对于一家年轻的大学生创业公司，比起现阶段的资金入注，他们更应重视的是在公司被收购或有资金注入之后，是否能够在业务运行模式、企业走向等权限上保持相对独立的自主性。慎重之下，冯杨谢绝了多家公司资金入股的邀约，继续在项目创意及制作、技术学习与升级、公司运营与管理方面踏实前行。VR 技术被商业文化公司广泛应用之后，"松塔文化"又积极着手开创新的 VR 应用领域，目前在艺术、高等教育、地质勘探等领域取得了新的进步，并正在全方位开启智慧城市建设之旅。①

至于为什么在谢绝多家投资企业之后选择接受四川金杯集团抛出的橄榄枝，冯杨笑着说道："因为缘分。"在金杯集团与其他公司的一次项目合作中，由于无法制作出令金杯集团满意的作品，项目制作方

---

① 林汐璐等："成理大四 CEO，VR 创出 500 万"，成都理工大学，http：//www.cdut.edu.cn/xww/news/148818506416696432.html。

便邀请松塔文化"江湖救急"。这次偶然的机遇，成就了"松塔文化"和四川金杯集团的深度合作。

金杯集团看重的是"松塔文化"在 VR 技术运用方面的优势，成功度过初创期的"松塔"在内容制作水平方面也小有名气，更加重要的是"松塔文化"与金杯集团在发展走向上有着天然的一致性。企业成立之初，在投资方面冯杨就特别注重经营管理上的自主权。在这次与金杯集团的合作中，金杯集团对"松塔"未来发展定位的自主权、选择权的尊重完全符合冯杨团队对融资的期待。更让人意外的是，在企业的未来规划中，金杯集团在文化旅游规划中的创新与"松塔文化"想要将 VR 技术在房地产领域的创新不谋而合。

在综合考察和深度交流之后，2017 年 2 月 27 日，四川金杯集团完成了对成都松塔文化传播有限公司 51% 股权的收购，交易金额达 500 万元人民币。每一步的脚踏实地，让刚一岁的"松塔"成为大学生创业圈里的明星。在将虚拟现实技术与市场需求结合的创新尝试中，松塔文化一路坎坷、一路成长，最终找到了适合自己的正确创业之路。年轻的"松塔文化"正在全国 VR 内容生产行业的蓝海中扬帆起航。

（三）结语

在创业和企业初期成长的过程中，创业者和团队需要掌握和学习多种技能，培养综合能力。这包括机会的识别和捕捉、资源的评估和获取、新组织的创建和对新业务的管理等一系列动态的复杂过程。[①] 创业胜任力是一个内涵丰富的概念，蕴含着对胜任力主体多维度的能力和素质要求。因此，胜任力的培养也不能急于一时。自主学习、学校教育、社会实践，每一个环节在胜任力培养的过程中都发挥着举足轻重的作用，一口吃不成大胖子，找对方法才能在经验积累中不断提升自己的能力。

[①] 木志荣："创业困境及胜任力研究——基于大学生创业群体的考察"，《厦门大学学报（哲学社会科学版）》2008 年第 1 期，第 114—120 页。

七、创业伙伴分享：求变

产品，也是艺术化的表达

冰淇淋行业创业者众多，将冰淇淋经营成事业，终其一生为之努力奋斗，我和丽丽就是其中之一。现在我们开了三家店，而且经营得有声有色。

浪漫，是每个女孩子都喜欢的。许多事物会让我们联想到浪漫，比如冰淇淋。而冰淇淋能让我们联想到浪漫的理由，和它常在电影求婚场景中出现有着密切关系。冰淇淋造型绚丽、味道甜蜜、颜色缤纷，总是给人一种浪漫无比的感觉；它独有的特质和特别滋味，已让冰淇淋成为一种深受欢迎的人气美食。尽管在传统观念中，冷饮业是季节性非常强的行业，但如今，冰淇淋已打破季节限制，成为四季皆宜的美食，而喜欢冰淇淋饮品的人群也越来越大。正是基于这个原因，丽丽和我经过一番考察，选择了开一家冰淇淋店。

开店之前，我查阅了一些资料。据知名市场调研公司英每特公司发布的一份市场调研报告，中国已经超过美国成为全球最大的冰淇淋市场。近年来，中国冰淇淋的销售总额几乎占到了全球销售总量的四分之一。从总量上看，虽然中国已成为全球最大的冰淇淋消费国，但从人均来看，美国人均实际消费量仍然比中国人均的四倍还多。由此看来，中国的冰淇淋市场仍然有着广阔的发展空间和巨大的潜力。[1]

"原来，小小的冰淇淋竟大有可为，有着如此大的市场潜力！"于是，我和丽丽决定开家属于自己品牌的冰淇淋店。依我们看，要经营好一家冰淇淋店，独特的经营之道必不可少。首先，店面要为顾客营造一种家的感觉，让他们在休息之余能体验到温馨和舒适。店里的装

---

[1] "中国跃居全球最大冰淇淋市场 伊利销量稳居第一"，http://world.huanqiu.com/hot/2015-07/7125300.html。

饰和色调搭配要完全体现舒适和清凉的特点，店里配上旋律优美的乐曲，既增添了浪漫的情调，又极富现代感，令人赏心悦目，流连忘返。"卖的就是一种感觉，而不仅仅是冰淇淋！"在店里，顾客可以品尝到口感最佳的饮品，享受最美的时光。其次，冰淇淋产品也要艺术化。现在的冰淇淋店这么多，怎样才能比别人技高一筹？我们的做法是要在款式上下功夫，不断翻新冰淇淋的花样。另外，口感好才是吸引并留住顾客的"王道"，如果口感不好，款式再新颖也无法实现盈利。于是，我们下功夫进行研究。为了配好料，丽丽亲自到总部去进货。当夜幕来临，喧闹一天的城市渐渐静下来，我们还在忙碌，为第二天冰淇淋店的生意做准备。一日日摸索，一天天进步，冰淇淋店的生意越来越红火，从原来一个店仅有两套桌椅、一名店员，发展到如今已有十多张桌子、六名服务员。

近年来，冷饮行业的竞争日益激烈，许多冷饮店也售卖冰淇淋。为了让我们的冰淇淋在各个季节都能吸引顾客，针对人们在夏天和冬天选择的口味、品种不一样，需随季节变化调整产品。丽丽在这方面做得很好，她会经常去学习行业一些新的东西，或者到处走走看看，进行实地调研。她有时还不远千里，去到成都、上海、北京等地，对当地的餐饮业进行了解，引进一些新的产品，或者是为小店的发展提供更多好的点子和想法。

丽丽是一个踏实、努力、用心的人。在前期投资不顺的情况下，丽丽凭借她的努力和对市场敏锐的观察，马上进行战略调整，最终使店里盈利。我很欣赏她，她总能居安思危，总是考虑得很细致、很长远。虽然工作很忙碌，但她依然能很好地处理好家庭与事业的关系，这让我不得不佩服。

现在，我们的冰淇淋店已经在当地小有名气，这得益于我和我的好伙伴的悉心经营。丽丽心思细腻，能够求思求变，永远在为未来做着打算。这些细节和深谋远虑才造就了今天成功的冰淇淋店。

── 第五章 ──

果实的收获：发展期创业胜任力与创业绩效

互联网经济发展的高级形态是经过行业规模的聚集，产生经济和社会的生态效应，具有强影响力的企业具备挑战不可能的实力和权威的号召力。作为硅谷象征的 Google 公司，除了技术领先，企业影响力还体现在其鼓励和倡导敢于自我挑战的氛围。"把想法放大 10 倍"的企业文化激励创意人员，激发员工从工作本身寻找成长动力。高度契合互联网精神的企业组织和管理方式极大地调动和鼓舞了工程师的创意开发潜力，为谷歌赢得多年来的"全球最佳雇主"地位。类似情况在阿里巴巴等国内互联网巨头企业发展过程也已得到验证。

企业发展生命周期理论揭示，发展和成熟期的企业在经历了前期创业的艰难险阻后，其历练出的"企业文化"在此阶段辐射出强大的磁场，凝练出创始人对于企业未来发展的自然"影响力"。以 Goggle 和阿里巴巴等创业成功的互联网企业为参照，以创业企业家胜任力结构为评价依据，新兴产业领域的大学生创业企业发展潜力巨大。传统领域创业互联网化转型的大学生创业企业则表现出与新型产业创业企业趋同发展之势，创业者个人胜任力和团队胜任力结构呈现融合趋向。

第一节 发展期创业者（团队）创业胜任力结构特征

国内成功互联网企业的高速发展得益于创始人的企业家胜任力。关于

第五章　果实的收获：发展期创业胜任力与创业绩效

新兴产业企业创立—发展过程的最新跨案例研究结果显示，尽管创业资源和发展模式有差异，但BAT企业（阿里巴巴、腾讯、百度）创始人胜任力结构仍然有共同之处。这些新兴产业创业企业家胜任力结构包含元胜任力、认知胜任力、个人胜任力、职能胜任力和价值观五个类别。[①] 这五个类别的特征包含并延续了初创期和生存期历程的胜任力特质，表现出创业者带领企业发展中的个人胜任力结构经过持续优化后的独特性。

与传统企业的创业者在企业发展到一定阶段大多退居幕后，企业交由职业经理人"接棒"的管理模式不同，互联网领域最成功的公司到目前为止基本都沿袭创始人主导的管理模式。这种模式最有利的影响是保证企业战略发展的稳定性。同时，创始人之于创业企业的地位和影响会随着企业文化的形成而固化，阿里巴巴集团近期的战略行进路线已很好地证明了这点。

2016年10月，阿里巴巴集团董事会主席马云提出"新零售"战略；2017年2月20日，阿里巴巴集团与上海百联集团[②]达成战略合作；2月26日，与四川省人民政府签订战略合作协议，推动"新零售"战略在四川落地（如图5—2）。

追求成长是创业者和创业企业发展的内在使命。阿里巴巴实施的新战略推进路线释放出新兴产业企业面向未来发展的新动向——战略联盟。联盟替代非正式的商业关系发挥作用，促进知识共享和技术创新（Leung, 2003）。同产业领域上下游企业间的联合，甚至跨领域的联盟成为创业企业获得发展战略性资源并实现企业成长的内在动力源（Peng M, 2000），是创业企业适应"技术—经济"变革环境的理性选择。

不仅互联网领域的龙头企业率先开始新战略布局，创业平台和众创空间也从战略联盟角度，在提供创新创业良性发展支撑平台方面开始了积极有益的尝试。2017年6月24日，"网谷双创街"在深圳举行了发布仪式，

[①] 黄永春、雷砺颖："新兴产业创业企业家的胜任力结构解析——基于跨案例分析法"，《科学学与科学技术管理》2016年第10期，第130—141页。

[②] 上海百联集团4700多家门店分布于全国200多个城市，大部分门店集中于上海。

与上海百联 战略合作	与四川省人民 政府战略合作
• 基于大数据和互联网技术 • 全业态融合创新、新零售技术研发、高效供应链整合、会员系统互通、支付金融互联、物流体系协同等六个领域合作	• 经济与人口大省旺盛的消费需求；辐射中西部的市场 • 阿里巴巴集团核心技术平台与四川省发展战略性新兴产业和传统产业转型升级紧密结合

图 5—1 2017 年阿里巴巴集团推行"新零售"战略图示①

依托清华控股在创新创业方面的优势资源，北京双创街投资管理有限公司联合打造的"双创街"将创新创业服务落脚于街区型态的载体，更好地服务于创业群体。同样，在西部创业的核心城市——成都，这种新型业态也正在汇聚形成（如图 5—2）。

图 5—2 位于电子科技大学沙河校区旁的创业孵化平台

在创业领域整体呈现出融合创新趋势与氛围影响下，大学生创业者需

---

① 李亚婷："阿里联姻百联集团 双方的诉求是什么？"，新浪科技，http：//tech. sina. com. cn/i/2017 - 02 - 20/doc - ifyarrcc8173966. shtml。

要以更好的"柔性"带领创业企业在环境中适应组织复杂系统演化的要求,立足前瞻性的审视做出未来发展的战略规划,胜任力结构特征关键要素定位于创业企业发展与创业环境的深度融合。相比产业巨头,即使是进入发展期的大学生创业企业的创始人胜任力和团队胜任力仍然有诸多不足。赢得创业发展的关键创业任务决定创业者和团队要更积极主动地提升和完善,以掌握变革的主动权。

基于胜任力发展的生命周期视角,以当下网络创业企业成功企业家胜任力为参照,在大学生创业企业初创期、生存期已具备的关键胜任力要素(核心胜任力)基础上,[①] 需发展"新兴"[②] 胜任力。参考新兴网络企业发展战略图,对比创业整体氛围,开发的创业主体"新兴"胜任力来源于以战略导向及企业适应产业升级发展的协同胜任力(如图5—3)。

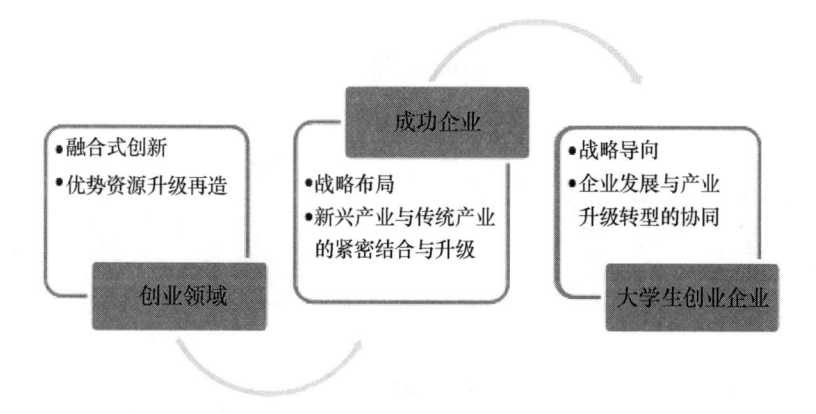

图5—3 发展期大学生创业企业主体"新兴"胜任力来源

具体分析,在产业升级促进"联盟创业"的战略导向、对企业发展协同要求的创业环境和任务中,发展期的大学生创业企业可通过"合纵连横"的路径实现创业企业发展目标。首先,基于"共性合作资源配置"的

---

① 柴梅:"基于企业生命周期的企业家胜任力模型研究",青岛科技大学学位论文,2008年。

② 根据Sparron & Boam的研究,新兴胜任力是指在未来重要程度增加的胜任力。

发展方式与互联网开放共享的本质具有共同性，符合企业战略价值创造需求；① 其次，通过协同进化的商业生态系统②与发展战略的匹配，发展路径适应移动互联网创业阶段的任务需求。因此，在此阶段，大学生创业者创立的新兴产业互联网型创业企业与传统创业互联网化转型企业发展模式均趋同于对接网络生态，在行业内部实现链条整合，在行业外实现跨界联合。补充的"新兴"创业胜任力结构体现在创业者"个人领袖气质的淬炼与创业者影响力的形成"，团队胜任力结构表现为跨界创新产生的"累积"效应（如图5—4）。

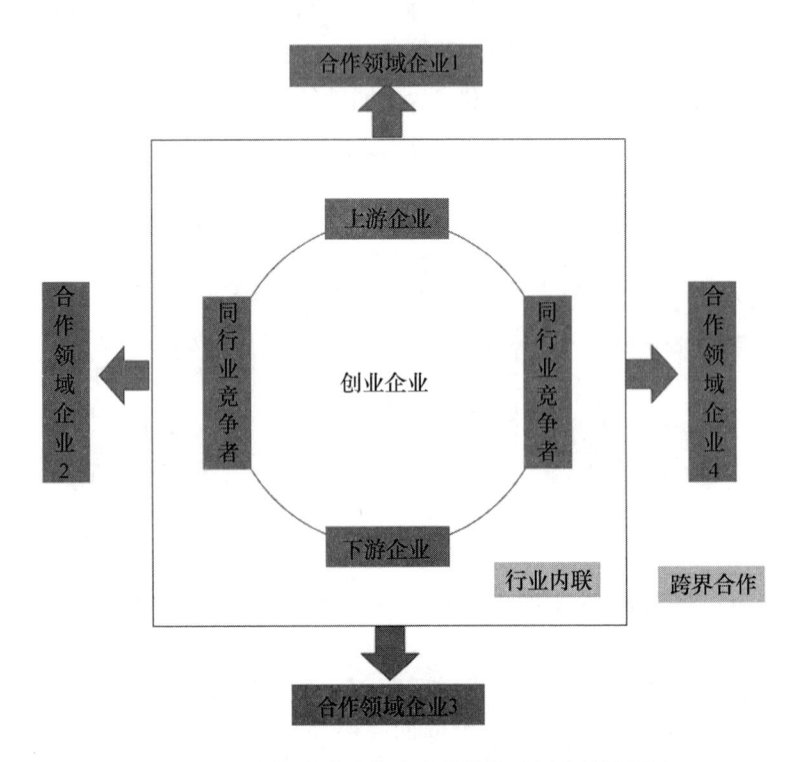

图5—4 发展期大学生创业企业团队胜任力结构图示

---

① 周建："新经济背景下合资企业与战略联盟的区别"，《管理科学》2002年第5期，第2—8页。
② 范颖、周庆山："移动互联网商业生态系统的竞争与更迭——基于'移动梦网'和'应用商店'的对比分析"，《图书情报工作》2014年第10期，第24—28页。

一、创业者个人创业胜任力关键要素：领袖气质的淬炼与创业者影响力的形成

随着创业企业发展进入成长期，大学生创业者已然适应领导企业成长的状态，在企业发展过程中树立起了战略者角色，表现出强烈的"危机意识"，会主动思考企业在互联网平台发展后期以什么样的方式留住人才。他们以自身的"领袖气质"和"影响力"吸引更多有才能的创业伙伴，在建立起运作优秀的创业团队同时开始传递大学生创业者本真情怀和朴素的社会影响力。

经历初创期到生存期的发展阶段，单纯的产品和商业模式不再具备鲜活的生命力，会有自然衰减和消亡的过程，发展期的商业模式需要比之前单一的产品和商业模式更具吸引力、更有"温度"。以"情怀"另辟蹊径的创业模式因具有时空延展性特质，以唤起用户认知，引起情感共鸣，继而发展成为牢固的"用户粘性"，切合消费者需求。这种基于深层次价值观认同的商业竞争模式一旦确立将难以被取代。而这些具有"情怀"创业思维的大学生创业者身上展现出的影响力正是优秀创业领导者领袖气质的初步体现。于他们而言，此时的创业已然是一份事业，值得全情投入其中，自然流露出发自内心的对创业事业的热爱。这样的气质形成强大的"磁场"，吸引更多怀着共同创业梦想的优秀合伙人加盟。

二、团队创业胜任力关键要素：联盟与跨界创新产生的"累积"效应

从 IT 行业到生物科技，硅谷创新的变迁史告诉创业者需要永不止步的创新灵魂。而硅谷的咖啡馆也从为创意者提供灵感的休憩地"进化"到为创业者和投资人搭建创业平台，其价值和意义早已超越传统贩卖咖啡的发展模式。受此启发，国内的互联网创业集聚地一定也是咖啡馆林立之地（如图5—5），但真正让这些咖啡馆存活且实现盈利的模式绝不仅仅是依靠售卖一杯又一杯的高品质咖啡。

创业空间讯速发展成为创业生态系统的有机"单元"（见图5—6，图5—7）。优质的创投咖啡馆通过聚合人气，吸引更多的创业者前来，为他

图5—5 光谷创业咖啡（位于成都·万科·华茂广场）

们提供诸如融资推荐、合伙人招募等服务。对投资者而言，驻足于这样的创投空间，建立合作关系，不仅可高速、便捷地获取详细、全面的创业者

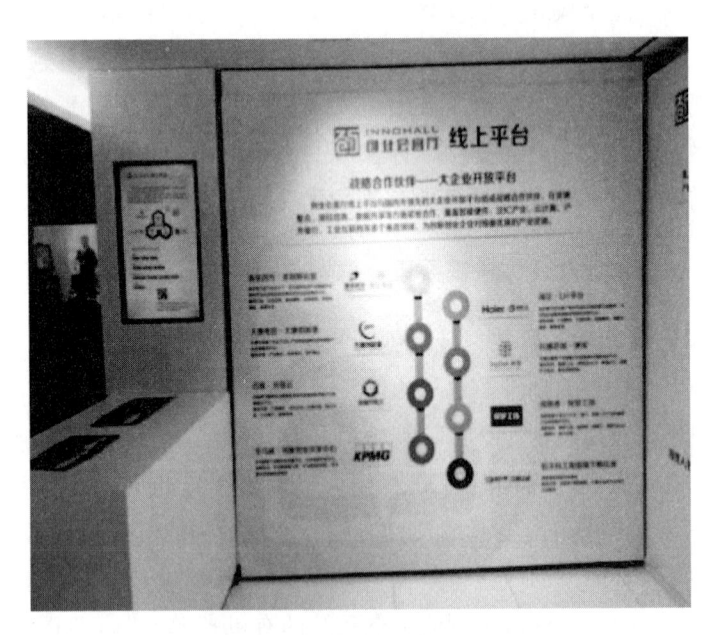

图5—6 中关村创业会客厅线上平台

信息，省去了大海捞针式的"海选"过程，直接提升项目孵化的成功率，还能与创业孵化平台形成密切的合作者联盟，进而实现双赢，甚至可能在未来通过融入生态圈的方式，引导形成新的产业集群。

图5—7 研究团队赴中关村领创空间（成都成华区）调研、交流

第二节 发展期的创业胜任力结构与创业绩效

经历多重挑战后，发展期企业具备了丰富的市场资源，拥有稳定的客户和现金流，创业者和团队能游刃有余地做到决策成熟、理性，管理团队职责明确并具有高度的自觉性和对复杂环境的辨识力。组织和战略领域研究成果表明，进入发展期的创业企业倾向于通过构建正式的商业网络提升绩效，建立创业者战略联盟获取并整合知识、资源，促进创新以提升竞争优势（Chell & Baines，2000；Das & Teng，1997）。以国内知名网络企业为对象的案例研究结果显示，企业发展后期无论是以商业模式还是以技术优

势领先的企业均同时转向合作联盟，并以反向渗透的方式加强垄断。① 马化腾、张晓峰在其著作《互联网+国家战略行动路线图》中也强调了基于跨界融合、创新驱动联盟的重要性。

在"云计算"与大数据"领衔"的互联网企业生态圈，数据成为新的生产要素（阿里研究院，2015）。从驱动业务流程更新再造，形成以消费者为"中心"的协同生产格局，到协同演化的新社会分工体系形成互联网经济的外部生态环境，互联网创业巨头企业现已形成独具特色的生态圈（陈爱民，2015），这些生态圈又自然形成与宏观的互联网生态环境融合对接的次级生态网。

从资源配置、生产和消费方式的变革，到新的产业生态造就的创业环境升级与演化，新创企业立足行业创业领域，建立自己的生态链条，以形成第三级细化的生态"微系统"主动与互联网生态环境、领军企业的生态网实现成功对接和融入，是进入发展期创业企业保持竞争优势的关键。

共享单车领域新创企业的典范——摩拜单车，初期走的就是"情怀"路线。创始人胡玮炜骑着摩拜单车出行的"温暖文艺女青年"形象成为早期摩拜拓展市场的最佳名片，"失败了就当做公益"的创业初衷也让人倍感亲切。凭借人工智能魔方调度等在共享出行方面的科技创新，摩拜单车获得国际市场高度评价。同时，摩拜单车同样以创业企业战略联盟者形象拓展竞争优势，继早先接入微信、支付宝等第三方支付平台后，还在众多共享单车品牌中率先与 Apple pay 携手，为其开拓海外市场再添利器。2017年5月4日，创始人胡玮炜受团中央表彰为"20位创新创业好青年"；同日，摩拜单车与中国再生资源开发有限公司签订战略合作书。②

同样属于共享单车领域的大学生创业团队，ofo 始于大学校园，提出"城市大共享计划"。③ 但与摩拜从诞生之初更多地彰显出内在的"科技范"不同，小黄车单纯的"连接单车"的商业模式更加直白地体现了大学

---

① 高峻峰、银路："基于生命周期的网络企业商业模式研究——以腾讯公司和金山软件公司为例"，《管理学报》2011年第3期，第348—355页。
② 摩拜单车官方网站，http://mobike.com/cn/。
③ ofo 官方网站，http://www.ofo.so/#/。

生创业者的单纯和感性。以"遇见"为题，ofo 在共享单车开放平台领域传递浪漫，上线 1 年即获得 5 轮融资。进入 2017 年，ofo 延续情怀路线，联合 a. b. art One 开展线上线下的"寻人活动"，寻找"又美又酷的你"；[①]与福州消防携手开展"关注消防 悦享骑行"跨界公益宣传活动，获得粉丝的积极响应和参与。在从最初的校园单车到城市单车快速扩张的过程中，小黄车凭借独有的魅力影响粉丝成为自觉守护 ofo 的志愿者——"单车猎人"，他们自觉参与共享单车的管理和运维，在用户群体的支持效果上，ofo 成为共享单车的领跑者（可参见第二章相关数据）。金沙江创投合伙人在谈及对 ofo 的投资时表示，共享单车不仅仅是门生意，健康环保的出行才是创业者想要传播和提倡的理念，因为这个行业已经影响着数以千计的自行车代工、组装企业和普通大众。[②]

"互联网+"提供跨界融合的诸多可能。进入成长期的企业，尤其是互联网企业大多掌握市场优势资源并已在企业集团内部形成交易闭环，具备整合、优化行业内外创业资源和发挥"连接红利"的优势。

继大数据资源开发利用成为"互联网+"时代的热潮之后，人工智能的兴起或将引发下一轮科技革命浪潮。德勤在 2016 年宣布将引入人工智能进入财务和审计工作，仅用了一年时间，德勤财务机器人就正式推出市场，无论是从精确度还是安全性，其工作效率和质量都远远高于人工。面对如此"来势汹汹"且持续不断的变革浪潮，互联网以令人折服的速度稀释或缩短企业之间在原始资源积累速度和厚度上的差距。与此同时，产业帝国从研究院到产业链完美聚合的商业生态系统布局决定了他们对市场的影响力和权威。巨头企业持续增长的竞争优势在人工智能领域已初见曙光并还在持续酝酿。普通大学生创业企业在短期内几乎无法与"BAT"等互联网巨头企业正面 PK。对这些大学生创业企业而言，明智的选择是以"跨界创新"为新的追求目标，通过加入"创业者联盟"拓展创业企业生

---

① "a. b. art One × ofo 小黄车疯玩跨界 共寻又美又酷的你"，http://news.ifeng.com/a/20170526/51166462_0.shtml。

② 赵隽杨等："共享单车改变生活"，《商业周刊（中文版）》2017 年第 8 期，第 56—83 页。

态链,继续领跑已经精深的创业行业领域,并借助巨头们未来在人工智能方面的优势资源"精深"于提供软件设计开发、智能制造等设计及服务,为下一次"进化"做好准备。

第三节 发展期创业实践:创业胜任力与创业绩效的"扩散衍生"效应

一、创业者学习日记:汇聚成长力量,青年创业者联盟

我叫陈兰岚,2010年,我和崔宁各自凑了3万元在成都创立了梦鹿珠宝,那时的梦鹿珠宝只是春熙路一家10平米的合租店,与如今晶融汇里低调奢华的300平米高级精品体验店大相径庭。

2017年,梦鹿珠宝已经收获了7000名忠实客户,营业额每年近千万元,而当年那两个青涩的"小妹"也成了老板。

"最难过时,想想一颗钻石能有58个切面闪烁光彩,我们的可能性为什么不能比这还多?"当我回望自己的创业生涯时,我认为我们在创业道路上没有走错路,虽然在创业过程中多次碰壁、多次失败,但正是这些磨难、艰辛,促进我们的自我成长,促进了创业的小有成就。

大学毕业后,我说服父母,从家里借了3万元,和朋友一起做私人电影拍摄,正式踏上创业之路。当时我负责销售、朋友负责拍摄,凭着两人的辛勤努力,很快就有了回报,公司开始盈利。但几个月后,因我们两人在企业目标、经营理念等方面的分歧,我揣着3万元的本金退出了公司,第一次创业就此结束。

通过第一次创业的磨砺,我对创业有了更深的认识和理解,同时也发现合作的重要性。在准备开始第二次创业时,我认识到找一个志同道合的合伙人一起创业非常重要。于是,我立刻想到了大学期间和自己一起摆摊卖过雨伞和衣服并十分默契的小伙伴:崔宁。已毕业回

河北的崔宁凭着对我的无限信任，回到成都，开始了我们的创业故事。最终我们选择了钻石订制模式的创业项目。

我和崔宁，从曾经的室友变为如今的合伙人，从摆地摊卖衣服、雨伞的"小妹"变为如今的珠宝店老板。

笔者点评： "成长"是痛苦的，是一场无需解释的蜕变，"成长"背后有多少隐忍的泪水和辛酸，唯有经历者方可得知。

"成长"是一场人生必经的苦旅，就像剥洋葱一样，一层层剥落下来，是一条条由磨砺印成的清晰可见的纹理，正是这些磨难、经历使个人走向了成熟。

不经历风雨怎么见彩虹，对于创业者而言也是同样的道理。每一个创业成功者，在创业道路上都是不断地磨难、不断地总结，从而实现自我成长。

"汇聚成长力量"一方面是不断总结创业道路上的经验和教训，促进自我的成长；另一方面是找到合适的创业伙伴、合伙人，汇聚共同的力量，促进创业的成功。

二、创业案例12——关键词：互助与责任

（一）创业者档案

成都梦鹿珠宝有限公司（以下简称：梦鹿珠宝），创立于2010年，为国内最早一批珠宝O2O模式的定制品牌。从创立之初，公司旨在打造全球首个人格化、故事化的IP珠宝品牌。目前只在成都设有线下体验店，为消费者提供一对一专属珠宝顾问式服务。梦鹿珠宝以精益求精的态度打造臻品钻戒，甄选全球顶级裸钻，在设计上融入真实情感与爱，坚持无与伦比的性价比，秉承专业和真诚的朋友般贴心服务，成为珠宝行业内顾客重复购买率最高的口碑品牌。迄今为止，梦鹿珠宝已经俘获了7000多名忠实粉丝和顾客。

陈兰岚，梦鹿珠宝创始人，成都梦鹿珠宝有限公司法人代表，毕业于成都理工大学传播科学与艺术学院广告学专业，钻石鉴定师、香港商会会员、欢行公益理事会成员。她以个人真实经历为灵感设计的三大系列产

品——母子《为爱而生》系列、爱情《纯》系列、创业《妖》系列受到客户的喜爱和热捧。

图5—8 陈兰岚（左起第2位）与研究团队的合影

（二）创业者的故事

为爱而生，信念前行

2010年，陈兰岚携大学好友崔宁在没有任何组织的扶持下，租下了位于成都春熙路的一个店面。两个人的梦想在这个月租金700元的小店开始生根发芽。7年来，梦鹿珠宝已经成长为一家估值上亿元，年销售额近千万的珠宝品牌。这一成就是两个农村女孩儿多年来努力的回报，也是他们对公司发展进程的清晰认识与决定的结果。

热情启动——真诚打动你我

第一次创业无果而终后，（第一创业涉足摄影行业，后因与合伙人意见分歧而退出了已经开始盈利的公司，这次创业让她意识到，于合伙人的"情投意合"是多么重要。）陈兰岚给在大学时的老搭档崔宁打了个电话，商量第二次创业。电话那头坚定的语气，加上大学四年培养的默契，崔宁一口答应了陈兰岚，带着3万块钱坐上了前往的成都火车。"这就是感召力，如果你自己都犹豫不决，是没有人愿意跟着你的。"之后两个人白天学车，晚上泡在晚上找项目。偶然间看到网络卖钻石，考虑再三，两个人决定就它了。2010年1月，春熙路一栋写字楼实体店中，店面月租金700元的珠宝店开张了。

陈兰岚说，对比国外，我们国家公司经营管理还有很长的发展路要走。所以我们可以对比自身和国外公司发展情况，知道自己对应于他们什么时期的缩影，找好位置，借鉴他们的经验更能让自己有成功的可能。相比之下，陈兰岚公司发展更类似于欧洲的奢侈品公司发展路线。欧洲的许多高端奢侈品公司都是由小作坊开始，以创始人的个人故事或者情怀打动身边的朋友。像Versace、香奈儿，在小圈子得到认可后，品牌伴随故事被广泛传播，才得到更多人的认可，以至一步一步走向成功。梦鹿珠宝的发展也是这样。陈兰岚深知只有赋予故事和情感，产品才能真的有价值。如果去到梦鹿的体验店，销售人员会很少对客人讲钻石的产地、切面这样的专业知识，取而代之的是讲述两个创始人的感人故事和倾听顾客的故事。陈兰岚和崔崔两个人从大学室友到创业伙伴的故事在他们的朋友圈子当中早已被人知晓。身边的朋友对梦鹿这个两人心血的结晶同样是充满信任。许多人听过了两个人的故事后都深有感触，或成为梦鹿的忠实粉丝，或干脆就加入公司，一同奋斗。

艰难起势——网红经济助力

刚开始的梦鹿珠宝只有10平米大小，这跟春熙路这条挤满了国内外大品牌的氛围显得格格不入。半年过去，梦鹿珠宝已经让两个人负债累累。夜晚，看着珠宝店外攒动的人流，陈兰岚苦思做点什么才能挽救这刚诞生半年的小生命。她开始以"老妖婆"三个字向微博论坛出击。陈兰岚在微博上对一些热点问题发表犀利独到的见解。这还不够，既为"妖婆"，不"妖"怎么可以。陈兰岚大胆地将自己与爱人老夏之间的一些私密但有趣的事情分享出来，在为女性分享如何追求男神的经验的同时再撒一把"狗粮"。就这样，陈兰岚的忠实粉丝越来越多，有人甚至觉得妖婆的故事在一定程度上可以奉为当代女性独立自强的范本。

"网红"带来的经济效益让梦鹿总算有惊无险地在成都这座城市活了下来，而且似乎还活得不错。2010年到2014年，两个人的工作室不断升级，并搬了4次家，由最初的10平米小空间搬进了300平米的工作室。同时，陈兰岚同众多客户成了好朋友，结婚的时候还收到了来自客户的礼物。

跨界联盟——新视角、新动力

"网红经济"虽为梦鹿珠宝带来了不小的客流量，但是这种模式的可持续问题一直困扰着陈兰岚。她也曾经尝试将"网红形象"与品牌剥离，提升品牌价值，进军高端市场。但现实是，高端领域大牌们的市场地位已很难撼动。中端市场上，离开了"妖婆"的梦鹿虽然优雅，却不被客户追捧。几经尝试，陈兰岚决定回归涉足珠宝的初心，以真心带来信任，以品质创造价值。

一次偶然的机会，陈兰岚在日本挑货，选中一款珍珠项链，并把项链放在了微博上面，结果被一名粉丝说是自己已经申请专利的原创设计，被多家厂商仿制。陈兰岚知道后立马删除微博，并且向设计者

第五章 果实的收获：发展期创业胜任力与创业绩效

道歉，称自己无心盗用，愿意附加设计费。这件事深深地打动了设计师。一来二去两个人算认识了，再后来，在培训课程上两人再次相遇。这次相见，陈兰岚充分发挥耿直豪爽的性格特点，向对方抛出了橄榄枝，希望能够合伙共同创业，即便是对方已经有自己的工作室和奢侈品店。在陈兰岚看来只要是在珠宝行业浸染多年的传统珠宝设计师，设计风格都已固化。如果想在设计上推出不一样的东西，一定要有跨界思维，来做珠宝设计才有会异于传统珠宝设计的东西。随后，陈兰岚在设计的选择上更是努力贯彻"创新"两个字。事实证明，创新的设计让梦鹿珠宝成为客户即使不买，只要看一眼也必然难以忘记的精品。

在公司的管理上，陈兰岚招募曾在IT行业做系统的崔宁的先生参与高层管理。她觉得做系统的人更有系统思维，会用数据说话。有时候一个企业做决策，更多的人会拍脑袋看直觉，但真正能带给决策者信息的是数据，如未来要去哪里开分店，应该去哪里做沙龙，客户现在的成长状态如何，他们的孩子多大了，他们的消费能力怎么样等等。IT男生在面对复杂信息时会更冷静和客观。珠宝行业本身是一个单客户消费频次很低的行业，但梦鹿珠宝算是一个特例，因为梦鹿能一直关注客户成长。当客户在不同的人生阶段，遇到影响一生的大事之时，梦鹿都有适合客户的产品呈现。陈兰岚说下一步梦鹿分店将会开往其他内地城市，而不是去北上广。这个决定抛弃了"别人的老路"，是根据梦鹿现在的客户资料和公司运营数据得出的战略考量。

"联盟"是陈兰岚近些年产生的新想法。她致力于不论是否有经营业务往来，都让更多的本不属于自己的优秀资源为公司服务，这个计划已经在实施的过程中。陈兰岚首先用创业7年来建立的人际资源建立了一个小联盟。没有合同，没有协议，没有入会条例与退出程序，联盟关系完全基于人与人之间的信任感，互相发掘彼此的优势，结合各自公司的特点，在公司经营中尽可能减少资源投入。"我觉得不需要制定太复杂的联盟策略，我看到这个品牌的调性跟我公司比较搭，那个平台的功能或者涉足领域跟我公司有合作的机会，我就会去接触。当你们彼此都看得顺眼的时候，一股默契油然而生，这个事情就算成了。"这与天猫引领的"菜鸟联盟"或者维密引领的大牌内衣之间的联盟相比起来，看上去更像是他们的初级形态。即便不是正式的联盟，陈兰岚在实践中仍不断地尝试与行业内其他参与者合作的新形态。2017年3月，梦鹿同一家互联网回收平台、一家婚礼公司、一家摄影公司、还有一家火锅店合作，举办了一次名为"停下来，找自己"的"赠送"活动。他们准备了101个信封，里面或许是说走就走旅行的往返机票，或许是价值上万的求婚派对礼券，或许是时尚珠宝等等。意在让人们抛开现实的束缚，任性地放飞天性，做一直想做却碍于现实条件没能做成的事情。整个活动的策划、营销、执行每一家合作方都有参与，每一个合作者的品牌都被输出。这次活动可谓是陈兰岚"联盟"到目前为止最经典、最成功的合作案例。活动的投入和规模不是他们之中任何一家能够单独办到的，合作的结果是梦鹿高兴，合作方高兴，拿到信封的人更高兴。

大局为重——敢于杀伐决断

关于梦鹿，陈兰岚有太多的感情，特别是对于第一批跟着她干的人，她更是视做知己。但7年后的今天，这些老员工都已经慢慢离开了公司。原因很简单，作为老板，公司为大，团队为大。

陈兰岚说，公司在创业初期更多的是靠情怀，靠情感去维系的，因为团队的人不多。但发展到一个瓶颈期的时候，可能有些人就不能跟上步伐。而并没有跟着公司一起往前走，这部分人会很容易扰乱军心。对于陈兰岚来说，每一次面对老员工离开，自己的内心都五味杂陈。这些人都曾经陪伴自己走过了最艰难的岁月，如今残酷的市场没能拆开的伙伴，却由于各自不同的理念不得不离开。公司发展到一定阶段，势必需要正规的管理制度，此时那些原来是粉丝的员工有的就坐不住了。她们感觉"妖婆"不是那个整天嘻嘻哈哈，嘘寒问暖的偶像了，成为一个严格的老板，这在情感上让她们难以接受。加之，后来在团队建设方面的意见分歧，有的老员工离开了公司。这让陈岚兰

第五章 果实的收获：发展期创业胜任力与创业绩效

在难过、痛心的同时，更多地是从自身角度进行了深刻的反思。冷静下来的理智告诉她，公司发展需要和自己价值观一致的人，梦鹿要成长更需要一支强大的管理团队。感觉自己已经无法将公司的发展带上一个更高的平台，未来发展可能遇到"瓶颈"的时候，陈岚兰像一个小女孩般向丈夫求助，告诉他自己需要他一起来共同管理公司。出于对妻子的爱和关切，不忍心看到妻子如此辛劳和奔波，陈岚兰的丈夫夏先生辞去某国企的"铁饭碗"，正式加入梦鹿珠宝，负责协助陈岚兰做市场和品牌推广；同期鼎力加盟公司的还有崔宁的丈夫吕先生，两位具有理工科知识背景男士的加盟，用精准的数据帮助分析客户的关系网络、调整市场战略，增添了这个原本的"娘子军"团队在公司内部决策方面的理性。用陈岚兰的话说"他们的加入让我感到前所未有的轻松，可以有时间做点力所能及的、想做的事了"。不过这样的"轻松"并未持续太久，崔宁在生育二胎后，选择了退出梦鹿珠宝。

陈兰岚曾同一名老员工这样说过，"我这个人比任何人都感性，我比任何人都怀旧。但我们现在的身份是一个创业者。公司在不停地发展，我也在不停地转变。每一次成长转变，我觉得挺痛苦的，但人生从来是你做任何选择都会有所失去"。7年来，陈兰岚经历了很多这样的分别场景。如今陈兰岚再次回想这些离开的员工时多了一份冷静。她明白公司要成长，这是必须经历的"阵痛"，即便是马云也有过类似的经历。

"创业者其实就是一个在跑马拉松的人。这是一个没有竞争的马拉松，这个过程有一开始，一直陪你跑的人。后来他可能掉队了，但是你会发现有不停的其他的人来陪跑。可能最开始陪你跑的人不一定是最后能陪你到终点的人。"这是陈兰岚对于创业的又一种理解。公司的发展壮大必然会有不同的管理和经营的调整。在这样的调整中，有的员工能够适应，他能看见这是公司发展的需要。而有的员工却会掉队，对于这些员工，陈兰岚只能像一个将军一样，果断地做出决定。

（三）结语

很多创业团队的创业目标都在于"赚钱"。虽然这个动机无可厚非，但如果死盯着"钱"这个字，创业者的眼光便会被限制，将过多的精力放在如何计算账本上。陈兰岚从创业之初到现在，始终力求保证初心不变。从创业之初以真心吸引合伙人创业到"网红"经济助势再到回归初心力求产品完美，抑或是为了公司整体利益忍痛舍弃老员工。整个创业过程，正是因为陈兰岚的眼光不局限于"赚钱"二字，才能眼界开阔，在各种跨界与联盟的策略中，在各种风格迥异的角色转换中不断发展、壮大公司。

三、创业案例13——关键词：战略联盟

（一）创业者档案

《高臻臻的脑细胞》是一档营销脱口秀节目。其以营销为切入点，专门为老板（转型者）和想成为老板的人（创业者）开商业脑洞。[1] 节目上线仅38天就获得了紫牛基金的天使轮千万元战略投资。成功创造15天营销咨询服务费超过100万，30天公众号粉丝突破6000人，38天获得紫牛基金张泉灵天使投资，50天视频播放量超过100万等一个又一个商业奇迹。

高臻臻，思贝得网络科技创始人，擅长互联网技术、广告营销策划。毕业于成都理工大学商学院会计专业。从业互联网16余年，历经大大小小20多个互联网相关项目创业，曾任四川地区最大的网络社区成都吃喝玩乐网CEO；中国最大的移动互联网广告公司北京力美广告有限公司前身成都力美创始人之一；传统+互联网经典案例的老枝花卤创始人之一，《高臻臻的脑细胞》营销脱口秀节目创始人，现致力于中国传统行业的互联网化改造。

---

[1] 文寨："高臻臻的脑细胞：努力之后的明白"，《创业天下》2017年第1期，第52—54页。

图5—9 "老枝花卤"实体店

(二)创业者故事

第十八次创业

传奇的"黑客"经历

每个人都会经历人生中的逆反阶段,但是这名高三的孩子却和一般人不太一样。一名对计算机编程狂热的高中生,因反对应试教育,把省招办网站给黑了,"成功"在高考的头一天上了当地报纸的头版头条。在当时也因为年纪问题,才让这个"问题"青年免去了牢狱之灾,有了今后的传奇人生,这个青年就是高臻臻。

在拿到大学录取通知书后,懵懂间步入大学生活的高臻臻的传奇故事拉开了序幕,他的"风雨"大学生活也就此开始。接触大学这个大家庭,让他对创业的兴趣一发不可收拾。他不顾艰辛,一个人坐火车硬座到珠海的金山毒霸公司"拜师学艺",并在学成后成立了第一个创业团队"IDK"。初尝创业的高臻臻,结合所学,开始涉猎电商行业,成功创立"校园便利店网站",巅峰时期公司业务横跨成都的9所高校。

接手成都最大的 BBS,再被光荣出局

2004年一次很偶然的机会,高臻臻通过给某公司做网站的机会接手了当时本地最大的草根 BBS 社区"成都吃喝玩乐网"。作为一名地道的技术码农,他开始了新三年的传奇经历。最初的时候,高臻臻只能拿到400元/月的薪酬,因不满足现状和有一颗不甘平凡的心,他自告奋勇,用八万一年的承包费,将网站整体打包承包了下来。回忆当初的日子,高臻臻脑海中满满的全是早上网上组织活动、发话题,下午满世界跑广告、跑客户,晚上埋头去编程、做美工、写方案,三年平均下来每天只睡4、5个小时。团队成员共同努力,花了三年时间将网站的会员人数从最初的几万人做到几十万人,将原先600元都没有人要的广告位卖出了当时的天价——每个月3万还都要去排号抢,网站市值高达2000余万。但最终还是因与股东们的沟通不利"出局",而这种沟通不仅是信息的交流与回馈,更重要的是信任。

三个板凳"值"几个亿

后来,高臻臻与舒义一同创立了成都力美广告有限公司,该公司也是中国最大的移动互联网广告公司北京力美广告有限公司的前身。在公司刚刚起步的时候,十分艰辛,甚至大半年都发不起员工的工资,每到月底的时候,就是两位创始人胆战心惊的时候。

一次风高月黑的夜晚,高臻臻将舒义约到了府南河边,他对舒义说:"公司困难,我们要不把所有员工都暂时劝退了,然后就我们两个人拼了,反正我也会技术和美工,可以不用招人,我们俩先把业务做起来再说"。但是舒义却坚定地说:"不,我借5万来发工资,我们要多招人",后来,因为意见不和,高臻臻自愿选择退出并主动放弃

了股份，只拿走公司的三个板凳。

但没有想到的是在高臻臻离开的那个月月底，舒义成功地签下了腾讯大成网的医疗广告代理。从此公司生意越来越好，还一步步做到了行业第一，在2011年公司市值3000万元。

低头做事，抬头走路

在日常生活中我们都喜欢不懂的事情问"度娘"，但是百度只能解决"知道不知道"的事情，却无法解决这个东西"好不好"的问题。针对这个难题，高臻臻花了3年时间，自己写算法、写代码，终于把系统的雏形"好吗网口碑搜素引擎"做了出来。他自豪地和朋友们介绍"这一次他跑赢了度娘"。

产品开发出来到了找投资的环节，经过朋友的推荐，高臻臻找到了经纬创投的茹海波。在茹总的指导下，高臻臻发现了网站致命的一个问题就是"好吗网口碑搜素引擎"的用户多数都是大宗物件的消费群众，要货比三家来决定，而这些用户的购买力几乎都是一次性的。例如买房、买车；而小频多次的东西，如日常的柴米油盐、烟酒因为价值普遍不很高，消费者一般不会为此专门查找，这样就会导致一个网站的日常流量低得可怜，可网站是靠流量来生存的，需要通过广告变现，如果流量数据不够，就没有广告商愿意在网站投放广告，网站也就无法生存。这五分钟的交谈，让高臻臻三年的努力付诸东流，更让其明白了"低头做事，抬头走路"的重要性。在生活中要多找"高人"来交谈，有时"当局者迷旁观者清"，一句劝告、一个指点，就会少走不少弯路。

极具互联网思维的营销人

现代企业的领导者需要讲究逆向思维，不光是简单的埋头苦干，更重要的是在努力工作的同时，要找到历史的"发展脉络"，寻找行业机遇，综合分析未来社会"发展前景"。在互联网与大数据的时代背景下，我们应明白行业的竞争从来都不止是在同行之间才有，竞争有时甚至可以跨行业。这就要求企业的决策者眼界宽广，学会借助互联网与移动端让传统行业转型发展，并焕发出新的竞争力。

从第一次创业开始，高臻臻就与互联网结下了不解之缘。"老枝花卤"的创业初期，正赶上中国互联网的浪潮，并成功将互联网与传统卤味项目相结合。产品定义为快消品和零食，用"空投快递"的形式向全国供货，采用高效的O2O信息闭环模式进行企业运作，让互联网思维主导生产、服务等所有环节，有效地缩短了前端客户与后端生产之间的信息流程、减少了信息损失，被誉为中国经典的O2O案例之一。现在的高臻臻边卖卤肉，边卖"思想"。利用多年互联网经验，他了解社会需求，网民对优质内容、视频化的新型市场发展趋势很认同，"脑细胞"就是基于此的团队智慧结晶。现在《高臻臻的脑细胞》不光做脱口秀视频制作，更为企业提供品牌咨询、营销策划创意。脑细胞营销实验室，网罗了一群正在创业者与未来领导者，通过每月定期分享一些最新的实操案例、通过交流探讨行业前沿的营销方法，让受众了解行业所需，并且通过线上高效便捷的电话会议、视频会议，让各行各业的创业者们进行思想碰撞，交流当前的行业经验，在交流中发掘合作机会，创造经济收益。有资深媒体人吴静，营销文案大神汪磊，营销逻辑担当孙权等的加入，让"脑细胞"思维大爆发。这个团队是一个很轻资产的团队，他们坚持精、简的原则，是一档面向想当老板的创业者和想当老板的转型者的营销类脱口秀节目，受众不仅能在节目中感受到轻松幽默的氛围，更能在其中发掘商业转型与合作交流的机会。节目自2016年4月13日正式上线后，每周更新一期，并通过微信公众号、各大视频网站等进行推送，栏目凭借"接地气"的视频内容和独特思想，收获了大量粉丝，上线仅30天，公众号粉丝就突破了6000。[①]

高臻臻认为，"做品牌的不是宣传部，营销不仅是一个术层面的

[①] 蓉漂："高臻臻：一个仅用38天，便获千万天使投资的营销怪才！"，https：//mini.eastday.com/a/160628132754458-3.html。

东西，而应该上升到一个道的层面。它应该是一种做人性的体现，而不是简单的卖东西"。

（三）结语

高臻臻对战略联盟的设想不是与生俱来的，而是来自十七次创业失败中的逐渐摸索。他坦言，创业过程中的营销预算少得可怜。无论是被成都媒体报道还是央视媒体专访，自己都"没怎么花钱"。高臻臻的故事总是要么和"码农"联系在一起，要么就是同"媒体"解不开的缘分。多次的创业家经历让高臻臻对"营销"与"广告"有着精准的认知，他了解传统媒体与互联网媒体的特点与优劣，成功与媒体人成为朋友，在营销活动中，尽可能让利媒体人，让媒体资源对自己保持信任与关注，这些都是联盟保持活力的能量来源。

四、创业伙伴分享：领袖魅力

领袖魅力

被称为公司领袖的人，不光是因为他为公司，为项目做出了多大的贡献，那样的人我愿意称之为元老或者功臣；当然也不光是因为他在个人性格上多么睿智，那样的人可以叫军师。在我眼里，在能够让员工死心塌地地为公司奉献能量的众多因素中，当有个人特别独立于其他因素而存在时，这个人就是领袖。举个例子，如果你向阿里的员工提问，在公司是什么让你最有干劲。他可能会回答是阿里的愿景，或者是自豪感还有些别的东西，答案会各式各样。但一定会有很多人提到马云。这就是领袖，当你在员工心中的地位已经与工资持平，甚至超过他对于工资的渴求时，你就成为他的领袖。虽然这么说有点像把领袖与金钱、地位这些东西放在天平的两边度量，但从马斯洛的需求层次来说，我觉得这个还是蛮形象的。

当然，领袖魅力又是另一回事了，多种魅力的集合表现在一个领袖身上就是领袖魅力。这既是一种个人魅力，同时也是许多领袖人物所共有的魅力。而这些魅力会通过这个领袖的言语、行为习惯、待人处事等多方面体现出来。比如，你如果认真地听陈兰岚讲故事，你就会发现这个人挺会讲故事的，而似乎我们知道的一些著名的领袖人物也都喜欢讲故事。当初我被陈兰岚说服加入梦鹿也在很大程度上被她的故事所感动，所以我认为会讲故事是领袖魅力的一部分。陈兰岚的领袖魅力还表现在她直爽的性格上。作为一个女孩，我认为感性是天生的，这一点也在陈兰岚身上表现得非常明显。她非常乐于将自己的感情，特别是愉快的心情表达出来，同身边的人分享。也正是因为如此，和陈兰岚相处，你总会感觉她是真诚的，总是能为身边人带来愉悦或者帮助。有人会用类似"单纯""天真"的字眼来形容这样的性格，还认为这样的性格在社会上并不实用。但从陈兰岚的实践来看，这样的性格反而容易赢得他人的信任。2015年，陈兰岚回到母校，做了一场创业分享会。在分享会上陈兰岚和崔宁将自己五年来的创业经验一股脑地全讲了出来。其中，陈兰岚不止一次告诉大家，待人要真诚。之前你真诚对待的人，会在你困难的时候对你伸出援手。真诚待人，复得真心。回看今天我们的小商业联盟，之所以能够维持下来，为什么这么多的企业愿意认同我们的思维，为什么愿意同我们合作？其实靠的就是相互之间的真诚。

  作为一个企业的领袖，领导公司走到今天，陈兰岚不仅在性格魅力上让我们非常钦佩，在对公司的业务管理和未来设想上，她也独具魅力。她经常很完美地将品牌推广与热衷的公益事业联系起来，还取得了不错的效果。比如"101封信"的活动。另外，陈兰岚用人从来是不拘一格，公司里的员工除了有我们自己招聘的，还有一小部分是陈兰岚和崔宁的个人粉丝转化而来的。如果换做一般人，这样的用人策略是不敢采用的。之前素未谋面，因为微博喜欢上这个人进而跟着她一起创业，乍一听上去似乎有一种电影的感觉。因此，公司员工之前的履历可以说五花八门。对于未来的设想，陈兰岚也是大胆而开放。她的很多想法都对公司的管理层甚至是柜员产生了重大影响。我们看得到她的热情，也看的到她所描绘的美好的未来。

第五章 果实的收获：发展期创业胜任力与创业绩效

领袖魅力这种东西，说不清楚到底是什么。但从陈兰岚来看，一定是经过沉浮后，锻炼出来感性与理性的完美交织。感性的部分让身边的人愿意跟着她走，理性的部分是他给身边人甚至给社会以安心和信心。

―――― 第六章 ――――

新生态雏形：智能时代开启创业新格局

　　人类发展进步的历史是对"数据"—"信息"—"知识"的收集、加工、抽象的过程，作为知识的基础（吴军，2016），数据折射出人类生活和周遭世界发展的轨迹。海量的数据蕴含了什么样的信息？以互联网为平台、"共享经济"为特色的大数据运用仅仅是开端。秉承"开放、分享、创新"的发展理念，从思维层面彻底革新引发的生产、生活模式变革颠覆了关于行业、产业的诸多传统描述，新技术、新产业、新业态之间持续融合并不断地迭代和创新。

　　如果说翻阅 2015 年新兴互联网企业融资风云榜，还只是依稀闻到人工智能技术创业味道的话，那么 2016 年国内人工智能算法在领先行业企业的尝试，依靠智能化的计算辅助管理和运营模式在某些领域产生了替代人力从事简单劳动的运用，这意味着数据应用行业又创造出了新的市场机会。换言之，新一轮的竞争已悄然开始。

第一节　"交互"的市场或许是另一个新的创业蓝海

　　大数据的热潮还未褪去，人工智能（AI）又拉开了新的创业序幕。据全球最大的管理咨询公司和技术服务供应商埃森哲在 12 个发达经济体中关于 AI 产生影响的最新研究报告称，人工智能已经通过改变工作本质创建了人与机器之间的新型关系。其预测，AI（人工智能）可将劳动生产率提高40%。到2035年，AI能使年度经济增长率提高一倍。同时，报告指出部署AI应以人为中心，开发符合人类道德和价值观的AI系统，帮助人类在创新等领域实现最佳表现。①

笔者曾在图灵奖获得者John Edward Hopcroft教授的报告会上就大数据与人工智能的关系向他请教。John Edward Hopcroft教授认为，从时间轴的范围来看，二者有很大不同。迄今为止我们有太多可用的数据，但真正是拥有了计算能力后人们才称这些数据为大数据；大数据推动了人工智能的发展，但人工智能的进化还需要时间。John Edward Hopcroft教授的看法与李彦宏先生对二者的看法有"异曲同工之妙"。基于人工智能领域顶尖专家的认识，可以认为人工智能创业时代已经开始萌芽。

如同在互联网创业时代的过渡期，传统的网络电商和新兴微商创业领域均有各自众多的使用者，不同的粉丝和社群自动区分细分市场，技术发展转型期融合的"叠加期"势必存在大量的市场机会。聪明的创业者抓住了机遇，将这样的创新与创造运用在生活中，形成了渐渐清晰明了且越来越有力量的技术，而这些技术又进一步地改变和影响着我们的一切，在这个过程中不断地优化、升级，帮助我们把"不可能"变成"可能"。

无论是大数据引发的创业风潮还是现在刚起航的人工智能创业机遇，本质都是人类在不断地和自己的对话中获得的进步与创新。尽管现阶段的AI更多地是帮助人们更好地优化用户体验，但可以预见，从金融、医学等领域逐渐成熟的人工智能技术在不久的将来，将突破更多的技术瓶颈和应用障碍。届时，新一轮创业机会正式进入重新的"机会识别和构建"的迭代过程。作为创业时代的"弄潮儿"，大学生创业者们②更应具有创业者精

---

① 埃森哲："2017年人工智能发展报告"。
② 根据移动互联网创业时代对大学生创业主体胜任力结构特征分析，创业者胜任力与创业团队胜任力在发展阶段对创业企业绩效的影响呈现动态演化特点，在发展期阶段创业团队胜任力对创业企业的影响更为突出。按照"持续进化"逻辑推演的假设，在下一个创业时代，群体性的创业胜任力结构对创业企业绩效的作用应更突出。所以，在本章对创业主体胜任力均以群体性特征统称。

神,快速地从上一个发展阶段的成就中清醒,识别自己所处行业究竟是"先发优势"还是"后入优势",决定是否重新出发。

第二节 "深度创业"高胜任力水平者赢得时代

在以大数据为核心的"互联网+"时代,"技术—经济"范式的客观规律已经得到验证,同样的逻辑范式自然可以推演到人工智能开创的又一轮技术创新时代。技术经济范式中"包容—排斥"机制对其参与成员实施"自然淘汰",新的范式必然带来新的分工和协作体系,打破通用的技术组织原则,造就管理模式的深刻变革,引领生产方式、生活模式的革新。①

互联网时代的商业模式和技术模式都存在创业的"长尾"市场。一定程度上是由于从工业时代走来,"供给—需求"的模式突然颠覆之下,满足人们个性化需求的服务模式刚初见端倪。新创企业的初创者提供了简单改进就能获得盈利空间,创业者只要比消费者领先一步了解他们的"痛点"并设计相关产品或服务就可能有创业的机会。但当大数据运用成为公共意识,市场提供给创业者挖掘创业机会的时间和空间会被集中的"云端"和智能分析所取代,个性化服务直接连接到消费者终端。第一阶段的创业"蓝海"持续时间不会太长,甚至有可能短于上一创业阶段内新创企业的初创周期。

2016 年底以来,从 AlaphaGo 到 Google 的自动驾驶汽车,从苹果智能语音 Siri 到翻译机器人,从取代和解放人们简单、重复性工作,到又一轮深度影响人们思维和生活变革的大胆预测,各种关于人工智能的报道扑面而来。精妙的算法和推荐不仅是大数据全域分析的结果,更是帮助人类在认知和创新领域不断接近完美的推演。AI 从神秘走向大众,经历的时间已明显短于人们从互联网时代走来时对大数据从认知到接受所经历的时间。人们已经习惯人工智能越来越频繁地出现在工作和生活中,尽管对其发展

---

① [美]卡萝塔·佩蕾丝,田方萌等译:《技术革命与金融资本:泡沫与黄金时代的动力学》,中国人民大学出版社 2007 年版。

仍可能存在忧虑，但更多的大众对高效地帮助我们改进工作效率和带来更多便捷的人工智能发展却是乐见其成。

如同移动互联网创业时代大学生创业企业在初创期与生存期转型的困惑与苦恼，基于大数据应用的第一阶段飞速发展过后，低端的商业模式和技术开发不再具有市场。线下的应用更多地朝技术端转移，"蓝海"之后的"红海"竞争中，大学生创业者需学会与自己对话，享受创业者的"孤独"带来的理性成长。重塑关于创业本真的认识，遵循自己内心深处关于创业的初心，不断细化创业梦想的蓝图。创业不止、前行不息，因为创业本身就是在创新的路上追求极致的过程。真正意义上的智能化水平创业的空间留给了善于利用新技术的"深度创业者"。

第三节 "创新与演化"重新定义的未来，下一个 BAT 或许已经诞生

管理学的 2∶8 理论曾经影响了许多人，他们为成为 20% 的最终绩优者不断优化自己。而"互联网+"与人工智能的资源整合能力将大大加速他们自我进化的进程，甚至拉开与绩优者之间的差距。如果未来成为仅 2% 的人所控制的未来，[①] 那么在成为 2% 的道路上，对同行人而言，已经是一种绩优。

在"超越"与"被取代"的抉择中，驱动前者的路径是创新与演化，后者是思维并由之决定的反应及行为、决策能力。成功的创业者总是善于逆流而上，比竞争者更快地响应变革，做出持续性的积极努力。移动互联网创业时代 BAT 企业发展的共性是不断学习与变革、颠覆与创造。他们之所以取得成功，创业者和企业胜任力暗含的基因就是永远的危机感和创新意识，这意味着在不确定的环境下，真正的胜任者才能激发最强大的动力，去改变甚至创造新的环境。

京东集团 CTO 张晨在"2017 极客公园创新大会"上提及，未来京东

[①] 吴军：《智能时代：大数据与智能革命重新定义未来》，中信出版集团 2016 年版。

将使用 AI 来延续在"成本、效率和用户体验"上的优势，运用落地的关键点是基于大数据构建应用场景（如通过机器人处理的售前服务构建的自然语言识别场景；基于无人机—无人车—无人仓的智慧供应链等）。商业应用对 AI 推广到全社会各个领域有极其重要的意义和"试错"价值。如果按照科幻电影和小说情节里未来城市发展的高科技和智能化程度，现实中从"智慧家电——智慧社区——智慧城市"的发展布局和趋势，人工智能真正落地和深度应用还需要较长时间。根据创新工场合伙人汪华的分析，可描绘出人工智能从改变人们生活和工作的"初始迹象"到真正智能化的行业领域演化及时间进程（如图6—1）。①

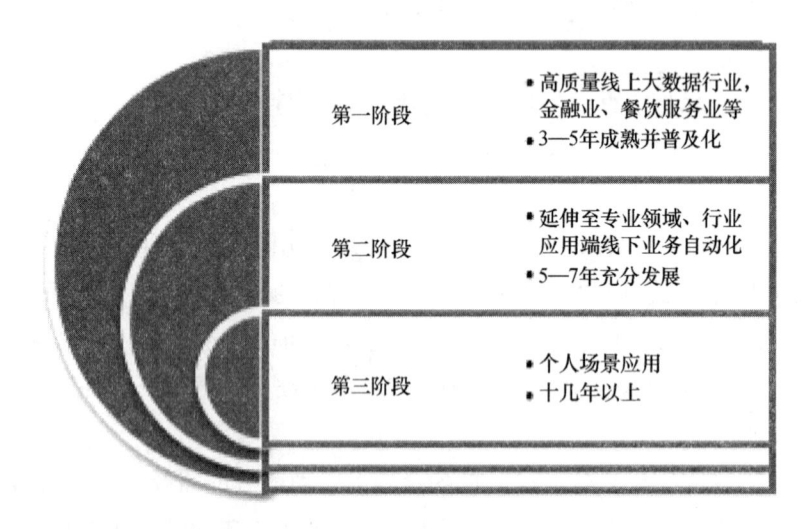

第一阶段	• 高质量线上大数据行业，金融业、餐饮服务业等 • 3—5年成熟并普及化
第二阶段	• 延伸至专业领域、行业应用端线下业务自动化 • 5—7年充分发展
第三阶段	• 个人场景应用 • 十几年以上

图6—1 人工智能应用的发展阶段情景分析

从大学生创业者在移动互联网创业时代企业生命周期发展过程中的群体性特征提炼关键点，"进化"的内在动力驱动他们完成不确定环境下的创业任务，实现持续成长之外，"自适应"的习惯促使他们中的前行者在新的创业环境和任务中不断地主动实施"寻找——匹配——调试"的创业任务。AI 创业市场的发展前景趋向于技术创新及场景应用的势头，为在移

---

① 李开复、王咏刚：《人工智能》，文化发展出版社2017年版。

动互联网创业阶段的大学生新兴产业创业型企业提供了新机遇的同时，这样的发展演化进程实则还为大学生创业者在 AI 从技术工具走向实际运用提供了充实自己和创业企业能量的缓冲期。

  在 2017 年给台湾大学学生分享人工智能发展趋势时，李开复博士鼓励年轻的大学生们思考新发明和创造新技术，争当"金字塔"尖的创新者。相较于目前和较长时间内的 AI 都是基于精确度对自身进行优化但不能创新的模式，大学生创业者在人工智能时代创业任务应聚焦于创新。与此同时，大学生创业企业应积极通过技术创新逐渐建立起在人工智能时代自有的"新生态"优势雏形，并在创业企业组织演化和自适应进程中完成创业阶段发展与创业绩效的协同。如果那样的话，按照绩优者"参照系"原则，他们或许就是下一个 BAT。

———— 附　录 ————

创业者访谈实录 1

访谈对象：王瞳
访谈地点：成都
访谈时间：2016 年 6 月

问：请问你在公司主要担任的角色是什么？

答：负责人。

问：你当时是在怎样一个机遇下想到要创业的？

问：其实我还没有毕业的时候就有这个想法了。我在大二的时候就已经开始跟学校老师做一些设计上面的项目，后来接触到的一些学长都在外面创业，可能跟这些人接触久了，学到了东西后就觉得想像他们一样。

问：那你觉得当初自己创业的优势有什么？

答：最开始的时候，可能是觉得我在学校时担任的学生干部比较多，觉得自己在管理方面可能有些优势，再加上和老师一起完成的科研项目、设计项目比较多，所以在这一块上就觉得自己创业的话可能不会那么没有信心。

问：你觉得你的这些优势里面带给你创业的最大的信心是什么？

答：最大的信心吗？

问：就比如说，你帮老师做过多个科研项目，然后做过学生干部等优势，你觉得这些优势里面哪一条给了你最大的信心，让你觉得自己可以？

答：没毕业还在学校准备实习的时候，自己独立完成了几个设计项目，这给我的信心还是比较大一点的。因为能够独立完成一个项目，这对创业来说是一个比较重要的东西。

问：你有过成功的经验。那接下来在刚开始创业的时候，你对你公司的定位是什么？后面想要把公司发展成什么样？

答：其实最开始很多人都问过我这个问题，包括我们老师也有问过。但这个问题我一般很少在外边说，我说的一般都是我做了的事情。对于定位，最开始是想因为我自己本身学的是设计专业，但公司刚成立时我们的主打项目是墙绘，这需要一些基本的美术功底。因为学设计，我们也是从美术走过来的，对于这一方面我们还是能够把握住。然后我们想的是，因为设计墙绘还涉及到一些装潢艺术，就这几块在艺术里面其实很多东西都是相通的。我们想让公司能够形成一体化服务，只要是需要设计方面的东西，我们公司都能够帮您解决。

问：另外一个问题就是创业都需要一定的资金，想问一下你们的启动资金是怎样解决的？

答：最开始的时候，因为已经在学校做了一些项目，有一些存款，毕业出来了又和朋友借了一些。因为最开始创业是瞒着我家人的。

问：一般资金是通过哪种渠道借的？

答：是一些学长学姐。我跟在学校里面的学长学姐比较熟一些，也算是东拼西凑凑出来的。

问：当时有没有想过找一些信贷公司去解决你们的资金问题？

答：没有。因为当时确实是没有考虑那么多。你如果要去直接向别人借钱的话，你肯定要找身边信得过的朋友。平时的一些普通朋友人家也不会随便借给你。

问：所以是通过周围的一些朋友去凑？

答：对。

问：当时大概凑了多少钱？

答：我这边是3万多的样子，因为是合伙人制，另外一个合伙人那边也是凑了几万块钱，然后就一起创业。

问：那创业后的第一桶金是怎样产生的？

答：也就是我们的第一个项目吧。

问：第一个项目还有印象吗？

答：我记得我们的第一个项目。因为当时没做之前我们就在网上投了推广，确实我们的第一桶金也是来自网上推广的那些客户，但这个客户我们是跟了一个多月才敲定下来。后来，这个客户也成为我们永久性合作的客户。

问：那你觉得在为第一个客户服务的过程中，是哪些原因让这个项目可以顺利地做下来？

答：刚开始沟通时，客户那边的时间是完全不确定的，而且他可能找了不只我们一家。但我们差不多是隔个四五天就会跟他了解一些这方面的情况。因为要做墙绘，他那边在装修，具体的时间也留不出来，什么时候能画不确定。所以必须要和客户保持联系，在保持联系的时候更多地介绍一下公司在这一块的优势，在专业方面、服务质量上面给够一个保证。然后客户觉得我们态度比较认真一些，所以在后面达成了合作。

问：创业的过程肯定很辛苦，能不能讲一下创业过程中遇到的印象最深刻事情？

答：这是在去年年底的时候，有一个客户因为比较远是在金川那边，我们第一次过去的时候从成都坐车大概十个小时才到那边去看场地。第二天公司这边的事情确实比较忙，因为刚刚起步，有时候公司还要做效果图之类的。第一天过去的时候大概五六点到，到了直接去跟客户看场地，第二天又从那边坐了十个小时车回到成都，但这个只是前期。这个项目就算是谈下来的话到今年年初的时候才能做，间隔了差不多四五个月。客户那边觉得整一些流程比较麻烦，就比如说我们谈好了需要客户签合同，因为比较远我们不能随时过去那边，我们就安排画师先过去保证先把手续办好、合同签好。可能跟客户的性格有关，客户想的是既然画师直接过来了，画完了直接给我付款就行了，不必签合同。就是因为这个事情和那边卡了挺久的。因为我们的一些前辈也是做画画的，同行业前辈也遇到过这种情况，给人家画了，但是客户最后没有结款，然后客户拖着款项，这种事情也很多。刚开始公司也比较小，如果我们说前期先垫着这个也是可以，但是起码要看顾客是一个什么态度。觉得客户这人可以也认可这么做，但这个客户有点性格、脾气也有点暴躁，你跟他说详细一些他本来听不懂，或者觉得很麻烦，然后就直接挂电话，后面再打电话就没人接。因为当时已经进行到他看合同看之后没有修改就差不多要安排下周的工作了，但客户那边就直接把电话挂了。后面我们一直在反思这方面的问题，就给客户道歉之类，解释因为公司有公司的规定，毕竟我们也要把没有收到款的风险降到最低。过去比较远，产生的成本比较近一些的项目多一些。所以我们还是与他保持一定的联系。经过放假的一段时间，到过年来的时候，还给他们问候了一下。问了一下这个项目，问他什么时候有时间。这个客户平时可能比较忙，很久才会回复，他说，我再看吧。所以到今年三月的时候，那个客户才自己打电话过来说，你们安排画师过来，把合同带过来，然后就可以直接画了。当时内心还是有点犹豫的，因为当时我自己走不开，这边有些设计是我在做，后来我就安排一个画师负责这个项目，然后带了几个画师和颜料这些装备就去了。当时我给画师叮嘱的是，一定要签完合同才能开始画。所以当时第一天第二天都没有签合同，到第三天才签了合同。签了合同之后又出了问题，就是客户没有如期打款。客户没有如期打款的话，会给后续的一些工作造成影响。因为毕竟公司比较小，这要垫着，那也要垫着，资金的周转就有点吃力。但后面这个项目还算是完成得让客户比较满意，只是过程还是比较曲折。

问：那在处理这个案子的过程中，对你来说什么是最重要的？

答：我觉得耐心是非常重要的。因为和当时的一些画师说起这些事情的时候，有一些东西我可能要先问一下我的同行前辈，如这个项目能不能做，靠不靠谱，因为我在关注这个项目有没有风险。也有朋友和前辈给我建议说这个项目一来比较远，二来客户的态度不是很明确，三来他没有按照合同按期打款之类。这三点他们要我考虑下，不能做的话就算了。我当时也是考虑了一段时间，后面还是耐着性子跟客户解释，因为都是要汇报一个流程，大家相互理解一下，我们这边肯定就是最大限度争取不要这么麻烦。我觉得最重要的是耐心。

问：在创业过程中，你做的最成功的事情是什么？

答：我觉得应该是跟客户完成了这个项目之后，客户的回头率提高了。客户会介绍一些他们的朋友。服务上面、质量上面比较好，客户认可你专业上面的一些东西，所以他比较放心把他的客户、他的朋友，那些需要这方面服务的人介绍给你，我觉得应该是这个让我觉得比较成功。

问：所以感觉专业和服务都得到了别人的认可，别人也愿意给你介绍客户，那你觉得在整个创业过程中，自己最主要的体会，或者说，自己学到了什么东西？

答：我觉得比较重要的一点是，对时间的管理。创业初期时，对时间安排，管理得不是很紧凑，很多时间比较零散，浪费在一些小事情上面。虽然最终把事情做出来了，但如果计算时间成本的话，效率不是很高。久了之后，觉得自己在时间管理上进步比较大一点。

问：之前我们提到了你在创业过程中取得的最成功的事情，那对于你们这个公司，对于你们这个团队来说，在整个公司的发展过程中，最成功的一件事，你觉得是什么？

答：整个团队的话，我觉得是合作。现在我们的一些员工，包括一些合作伙伴都有共识，因为本身我们这个行业就是设计和画画，基本上工作也是相通的。比如说，我既可以做设计，也可以画画；又比如有时候项目比较急的话，我指定的一个画师，临时有事情，若要重新去找画师的话就比较麻烦，只能从内部解决。因为我们现在团队里面的设计师、画师，他们做东西是可以互换过来的。如果是画师的话，设计上面做不来太多的事，但她可以给设计师提供意见。换句话说，我们接一个项目，要画一幅画时，画师就会从绘画，专业角度给设计师说，你做这个效果图时，要注意哪些东西，设计师听了之后，对整个构图、色调都掌握得较好。团队成员沟通比较融洽，我觉得这一块是保持比较好的。

问：所以说整个团队比较和谐的沟通是比较重要的。那你觉得作为一个项目，或者说做一个公司能够取得成功，需要具备哪些因素呢？

答：在创业过程中，我个人觉得公司管理模式对公司经营情况的影响比较大。在工作中，我接触了很多创业者，目睹了他们创办的企业因为管理松散，团队逐渐泄了士气。一旦滋养了大家的惰性，团队的执行力就削弱了，就跟不上实现既定目标的节拍了。而在创业浪潮中，速度慢了，就会被淘汰。诚然，我自己在创业过程中也没有管理得特别好，但是我认为必须高度重视公司管理，自己逐步成长为一位好的管理者。

问：除了管理，你觉得还有其他哪方面比较重要？

答：我觉得还是有比较多的东西。从目前来说，是公司对外的一个产品推广，我觉得这块，是我目前比较棘手的一个问题。

问：你做推广现在主要是通过哪些渠道？

答：目前的话是在网络上做推广，但不打算继续做下去了。一是成本比较高，现在都是线下推广，通过朋友的帮忙，还有客户的介绍；二是本身我们这个墙绘行业跟装饰比较接近，所以我们是有跟几家装修公司合作。

问：另外，想了解下，对一个团队来说，需要有个磨合的过程，那么在这个过程中，团队的内部从刚开始一直到现在，发生了怎样的变化？

答：其实最开始的时候，觉得真的是大家一起努力，同做一件事比较融洽。但久而久之，大家因为站的角度不同，哪怕是同一个事情，站的立场也不同，就会出现一些分歧。比如说，对一件事情，有一些人，比较注重整体，有一些人会比较注重细节，其实他们的立场都没有错，只是站的角度不一样，所以会决定哪些事情先做，哪些事情后做，会有这种问题产生，会有分歧，这要一个蛮长的磨合期。他们其实都知道对方说的是对的，但还是会坚持自己的观点。我觉得我们这个团队出问题比较多的就是这方面。但比较好的是，哪怕有一些分歧，甚至有时候会有一些争吵，但是不会影响到向一个目标前进。很多问题真的是需要直接摆在面上来说，产生分歧是因为站的角度不一样。还比如说，如果你只站在大的方面去考虑这件事情，细节方面顾及不到的话，也是会出很多问题的，对方会直接跟你争吵，让你正视这个问题。所以下次再考虑问题、解决问题的时候，你就会想得更全面一些。所以我觉得这个磨合非常重要。但现在分歧比较少了，不像最开始出来的时候，看大家都是意气风发的样子，然后都觉得自己是对的，自己想得很周全。磨合久了之后，团队中会有认可，对对方的一个认可。你认可他说的东西，而不是像你说什么我都听不下去的那种，这样的话会产生很严重的问题。能够接受彼此的东西共同成长，我觉得这个非常重要。

问：创业到现在会面对很多问题，包括公司的成员组成都会发生一个变化，在这个过程中是什么让你坚持了下来，是什么让你继续创业？

答：其实我也不知道怎么说这个，我自己从没有想过放弃，因为我爸爸妈妈上个月还过来，对我说不要做什么公司了，想要我回去，他们说他们那边帮我找个工作，或是其他的都可以。我妈妈在旁边才说了几句，眼泪就掉下来了，就感觉你一个人在这边创业会很辛苦，而且父母觉得没有什么人能帮你，如果你回到自己家乡，就可以帮你。在这边他们看不到，有时候我跟他们说一些事情、一些问题，基本上都是报喜不报忧。这很正常，所以他们就在那干着急，我也不知道用什么词来形容，如果是坚持、信念，这些都太笼统了。直接点的话，我就没想过有什么原因，也没想过放弃。

问：你怎么看待现在的天使投资和银行贷款？

答：这两种方式都是给大学生创业提供一个平台帮助，但是目前了解到，我身边的朋友走这俩方面的还是比较少的。天使投资我们接触得比较少，银行贷款需要的手续很多，而且还很麻烦，所以我和朋友们基本上没考虑过银行贷款。之前有客户推荐过天使投资，但是我认为，如果你要接受天使投资，就要考虑下公司能带给对方什么效益。我觉得我自己对现在公司都不是很满意，只有它做得更好，更扎实了，我才会考虑这些东西。这是对自己也是对别人负责。这一块我有了解，但没有找过，现在把力量集中在先把公司稳定下来。有一些同行做得比较久，也没有走天使投资这一块，可能就是咱们大学生刚毕业还很难接触到。

问：你在学校参加的创业比赛和创业教育，和你实际创业以后所认识到的有什么出入吗？

答：真正实践起来，会有很多问题。比如理论上的一些东西，在学校我们参加比赛要准备的一些东西，市场调研等，都是可以从网上获得一些资料，但如果真正创业的话，就一直要靠你自己实践去做。

问：你刚毕业后的这段创业经历给你带来的主要成长是什么？

答：心里承受能力强了很多，以后自己生活、工作都会有信心去面对。不会像现在多数的人，不知道以后工作怎么样，工作迷茫生活也迷茫，起码不会这样子。对我来说，这一段经历真的学到很多。有些东西，你用语言表达不出来，但一直要承受这些东西，你还要承受得下来，那你的抗压能力会比较强。公司成立两三个月的时候，我感觉自己快要得抑郁症了，压力特别大，我又很少倾诉什么，所以工作上遇到问题，都是自己一个人去面对，包括现在遇到困难也不会跟我的朋友去说这些。创业后很长一段时间感觉自己要得抑郁症了，那段时间自己都害怕接触陌生人了。再有就是去谈客户的时候，有一些客户会有一些脾性，谈不来，会产生一些阻碍。所以还是很心酸的过程。

问：当初特别困难的时候你是怎么样去度过那一段时间的呢？

答：那段时间真的特别长，就是很盲目地投入到工作里面去，除了要自己找业务，本身公司设计上的项目自己也要做。所以就是白天跑业务，晚上做设计，就是重复、重复，一直都是这样子。我知道这种状态是很不理想，身体各方面都不好。后来就是自己调整，以及来自家人的鼓励了。其实也说不上是鼓励，就是打电话过来聊聊日常，觉得自己还是要努力，会觉得自己的努力成长还不够。然后慢慢把一些事情规范化，把一些工作上的东西完完全全梳理清楚，慢慢就走出来了。

问：现在很多人都在提"互联网+"创业，你觉得作为你的员工，在这些方面应需要具备什么？

答：互联网的话创新肯定是必须的。然后就是互联网方面哪怕他们不专业，但是一定要专注一点。现在我们的很多客户都是做这一块的，都有涉及互联网，在上面合作的机会很大、很多。现在很多互联网公司都做了实体的东西，如做智能家居会涉及到很多设计上的事情。我们现在合作的话，一般是互联网公司接了项目需要界面设计，但互联网公司很多在界面这一块做得不是很美观，需要我们做优化。这些公司在技术上做得很好，但是在界面上不好，难免就会对他们的产品造成一些不好的影响。所以我们目前和互联网公司就是在界面设计上合作。

创业者访谈实录 2

访谈对象：丽丽（化名）

访谈地点：深圳

访谈时间：2016 年 5 月

问：能谈谈你的团队和你的创业经历吗？有什么事情是在你创业过程中对你影响深刻的？可以是成功的，也可能是失败的，总之是你觉得很受用的？另外请你给刚开始创业的女大学生提一些你认为适合她们的意见。

答：第一你问我为什么要来做这个行业。我原来就做过这个行业，只不过我原来是甲方，现在是乙方。我做甲方的时候就了解过这个行业，开始想自己做一些事情的时候，首先想到的就是在购物中心做一些事情。我们先是找到了位置，开始对口做项目。找项目的时候，我的合伙人就给我推荐了这个项目。我这边是做前期的，通过计算我的投资、回报和利润，我们觉得这个事情是可以做的。后来我们就开始做这个事情。其实刚开始真的很难，面对这个行业我什么都不懂。我们花了一些钱，请了个顾问过来，钱不多，5 万块一次，他就来教我们这边的一个人学做这个雪糕。

作为女性我还是不善于跟装修方面打交道。我相信人性本善，但他们不是这样的。我的装修费给的很高，比市场价高了三分之一，因为我相信他们。但最后我的那个装修队搞了很多事情出来，比如爆水管、货品不对、不能如期交装修。装修的事情可能是我做生意以来最头疼的事情了，开始的那两年都在补装修的亏空，我们损失了很多金钱和时间。

开业之后就是团队了。最开始是家族式的，因为招人并不是很顺利。家族会很麻烦，两边的人都要来比，都要来争，所以后来就都撤出来了，只留下了我合伙人的弟弟。他现在专门负责厨房，因为每个人的性格要放在适合他的岗位上。

现在我每个店都有一个店长，我不对店里的下属直接做指示，我只对店长，任何的事情我都交给店长来做。一般我接触的事情是商场经理搞不定的，需要找他们的老总。我现在做事情没有头两年多，我现在专门做市场开拓，我的店长维护市场。

员工的话，好的员工会主动为顾客服务，他会从你的领导来看，他的领导是这样教他的，平时是这样做的，那员工就会这样做。为什么我们招聘的时候更加喜欢百盛那样的大商场里出来的，那是因为他们很积极，会有主动的思维。同样一个东西摆在两个员工面前，有主动意识的就会做得更圆满一点。

创业的话，女性可能会吃亏一点，别人可能会觉得女性会比较软弱一点，有些大的供应商可能会很强势地来压你。但如果你足够有底气有很多供应商，就不用怕。但是刚刚出来，别人这样有些人可能就会很胆怯。还有就是现在在深圳这边大学生创业国家在支持，对刚出来的大学生更包容一点，支持一点。

问：你的店长也是女生吗？

答：是女生，我的团队管理者都是女性。女生更加细心一点。男生在女生多的地方就hold不住，有些女性下属就会觉得男性上司不是很体贴的那种。其实现在的小女孩都不是很懂职场，她们要的就是开心。我不在乎钱，我要我开心。

问：现在的90后不在乎多少钱，要的是你认可他？

答：对，就是你要认同他，就包括我的两个店长，我要不定时地赞美她们，肯定她们。有时我给她们加工资都不如每个月找时间来夸她们让她们做事情做得开心。

问：这个和我们80后的人有些不一样？

答：有些不一样，90 后没有 80 后能吃苦，他们不会觉得我在这个团队，我要为这个团队付出，我要多做一些。他们会要求很多，但是他们又在乎的是整个团队的快乐，不要很多很复杂的东西。

问：那我可不可以理解为，现在创业的女大学生，她们对于物质的东西不是太在意，最起码不是把它放在首要的位置，相对而言考虑的只是程度。比如原来的创业者很看重金钱的回报，现在这一批女性的创业者可能更看中自己的满足感或者获得感，这是来自于领导者对她肯定的评价和她对整个团队的贡献。那她们跟我们 80 的创业者有什么特别明显的差异吗？

答：我就是 80 的，我做这个事情的目的不就是为了赚钱吗？那我可能就会把利润放在前面的，但她们不一定，她们更享受过程以及周围人的认同。

问：那你认为这是一种个别的现象还是普遍的现象？

答：我有和我朋友聊过这些 90 后的思维。他跟我讲过，现在他们面试人的时候也有遇到些 90 后，他们对于物质的东西并不那么在乎，他们更在乎的是认同。

问：90 后可能对物质不是那么在乎，他们更在乎被人的认同，那么你从一个老板的角度来看，你是一种好的现象？还是让人很担心呢？

答：担心的是有一天你的这个团队不再让她有兴趣了，你在物质上是留不住她的。所以对于这些员工，我平时不仅在经济上给她们优厚的东西，还经常组织一些员工活动，员工的生日，每年的节假日都有一些人文关怀。其实这些就是我努力营造一些氛围来留住她们，就是我们团队的一些温暖在里边。而且包括他们私人的事情，在我知道的情况下，我会主动去帮忙。在我做这些东西的时候都是有其他的一些思量，就是从另外的角度在留我的员工。我认为做任何事情，不可能只凭工资来留住员工，必须有其他的东西。我老公在工资上给他们，我就是给女性情怀的关怀。现在餐饮员工流动率是比较高的，但是我的员工工作一年以上的还有很多，很少有自己主动走的。

问：你现在有多少员工？有多少女生？

答：20 多个员工，其中 7 个男生。招不到男性，每次招人的时候我都说多招男性，毕竟可以做苦力，我不想我的女员工太辛苦。

问：你跟我说创业快三年了，如果是从时间的划分上来说，那应该进入生存期了，就是初创期已经过了。我觉得你还蛮不容易的，毕竟是女性创业。首先你是一个妻子，你身上有家庭的角色，但同时你又要扮演一个leader的角色，其实很多时候真的不容易，所以我特别能够理解。我想说的是在有冲突的时候，你是怎样协调这个矛盾呢？你应该做出一定的选择还是怎么？

答：其实是有冲突的，最开始的一年一直是我在前面，我老公完全不管店里的事情，因为所有的关系都是认我不认他，最后我觉得这样不利于家庭的和谐，所以我开始跟我老公一起聊这些东西，然后开始把他引导来接我的一些东西。不管我在外面多么强势，但通常在我老公面前，我知道自己在家庭的位置，我希望我还是一个妻子的角色。所以我会经常跟他说我很需要他，我说我在外面很辛苦也很需要他，需要他的关心，需要他的帮忙。然后我老公也觉得我很辛苦，就开始帮我做一些事情。他开始慢慢接手，把财务和日常管理接了过去，我只管大方向。这样会让我老公感觉到他在家里的重要性。当然，因为我老公性格属于特别直接的那种，而我两个店长都是女性，她们需要柔和的说话方式。我老公有时候说话太直，会让员工有一些不高兴，但他们会通过其他途径反映给我，然后我就会从中调解。我现在是一种润滑剂，我老公做了什么让员工不高兴的事，之后我再认可他们，鼓励他们，称赞他们。我现在的角色尽量在他背后，提醒他需要做什么、怎么做。但我老公做事喜欢拖拉、执行力不够，我觉得做事情应该马上办，我喜欢执行力强的，我有次跟他吵架，说他这要是在外边干的话早就被开了。

问：我刚听你讲这个突然有个想法，我不晓得是不是共性，因为我前面访谈了很多创业者，包括学生，好多是90后，你们虽然年龄上有差距，但我发现你们身上有个共同点，就是一定是敢想敢做，而且一定是执行力很强。

答：我觉得执行力很重要，一定要有执行力，做事情没有执行力、拖拉会让你的合作伙伴和你的供应商很反感。

问：你也跟供应商接触，如果同一个老板，面对同样的创业者，但性别不同，你觉得你的供应商在对待他们的时候会不会有不一样？

答：会的，供应商有时候是男性，他们可以打成一片，但对于我们来说熬不了夜，女性你没办法打成一片。我只能跟女性供应商好。

问：那这些不一样的话你觉得对于女性创业者来说是好还是不好呢？

答：我觉得对我们不会有太大的差别，因为在商言商。在商业上，你的供应商不管和他的合作伙伴关系如何好，在谈生意的时候，如果我能给到你的东西是别人给不了你的，那他肯定是跟我合作，所以说我觉得对我没有造成很大的困扰。

问：我问这个问题的原因是之前访谈的那些女性创业者，她们给我一个总体印象就是现在的创业者实际上已经没有太严格的性别区分，因为我们经常说女汉子，但是我想验证一点，对创业者而言性别界限真的已经模糊了？

答：是模糊的，他们虽然说打成一片，但是真正在谈事情的时候还是该怎么样就怎么样，如果你提出来的东西更具有吸引力，为什么人家不选择你呢？

问：那我是不是可以做一个假设，一个大胆的假设，既然性别差异已经模糊了，也就是说男性和女性创业时性别的影响很小，最起码你的合作方合作伙伴或者说是你的合伙人，对他们而言已经没有太大的影响了，那这种情况下创业是不是女性创业更有优势一些？

答：我觉得是两面性的，女性创业会有什么优势呢？单就我自己遇到的，也就你跟人家谈话时，人家会觉得你说话比较柔情一点，人家觉得那行那就这样子吧。但另一方面有一些人就会觉得你好欺负，所以说都会有两面性的东西的。是不是够强势，这要看个人的，你如果强势根本不用担心这些，起码我觉得我遇到的所有供应商没有一个给我难处的，我可能额外再给你一点东西，但是你对我的服务那肯定也要得到提升，跟别人不一样，就是一定要讲信用。我会更喜欢跟那些有信用的人做事情，喜欢和有职业道德的人合作，如果我觉得你没有职业道德的话，我第一次跟你合作了就没有下一次了。

问：我想了解一下，女性在创业的时候有什么样的优势，或者说适合女性创业的行业？

答：美容行业，我有几个身边的朋友搞美容搞得挺好的，不是那种微整，是真正的美容。还有餐饮行业我觉得女性也蛮适合的，但不是中餐那种，而是那种休闲的，是你不用靠着哪一个厨师就可以开的那种餐饮，有点类似轻餐。中餐太依靠厨师，对于创业者来说真的不适合。还有一个朋友是做服装的，她对于服装有一种很敏锐的嗅觉，她现在做的很好，只针对 VIP 服务，让顾客感受到尊贵 VIP 的享受，只针对她的 VIP 顾客销售，这些 VIP 就可以把她所有货都买完。她从专门做销售到现在自己在深圳已经开了几家店。我特别佩服那个女孩子，起初在东门卖衣服的小姑娘现在开奔驰住豪宅，我觉得很励志。我身边的女性都是做这些比较简单一点的、好入手的，我认为要找适合自己的切入点，每个人都有自己熟悉的行业。如果你在什么都不大清楚的情况下冒然创业，做自己不懂的行业可能走得比别人要艰难。

问：我就觉得你做的很顺。

答：我觉得这真的不是成功，只是因为我的环境很好，我身边人给力，属于运气很好吧。在自己很需要的时候有人提供店铺，又有人给我货源，然后自己慢慢就做顺了，其实只要做顺了一家店，后边就基本没有任何问题了。

问：这个会不会跟整个城市的环境有关系？因为大家都知道深圳是创业之都，我选择来深圳就是觉得这是最适合创业者创业的地方，能找到的访谈对象肯定是最有代表性的，如果深圳的这个创业群体能够验证我的一些假设的话，这很有意义。

答：我觉得深圳的政府办理证照的效率很高，我们有反映这边确实比其他地方更支持创业。特别是大学生创业这部分，我记得有些地方他们给予一些补贴，我们就单纯地办理证照等等是非常规范的。我不用做其他的工作，我觉得对自己创业来讲的话，证照办理也是非常重要的，所以我觉得政府在支持这方面也是很好的，然后大家都是走正规的流程，你不用想很多很复杂的东西，环境很好。

问：你是我在深圳访谈的第二位女生，昨天那个女生也跟我讲得非常好，让我觉得创业的女生都很积极向上而且很乐观，对身边的人很好，哪怕是一个陌生人。这是不是说创业者本身心态很宽容、很包容，你给予别人也获得了一些相关反馈，这个反馈对你自己创业本身有好处，对你认识问题也有好处，甚至说你多交一个朋友说不定以后也会多一份资源、多一个人脉。

答：没有啊，我是这样子想的。其实我并没有把这个事情作为很特殊的事情来看待，可能你在做什么项目，那么我能帮上什么忙，我就帮。一路走来，有很多人帮过我，虽然说我们是第一次见面，我觉得人家以前也帮过我的，那我为什么不去帮呢？而且我并不知道自己能不能帮你，所以说我能给予你现在我知道的东西那我就可以给你，但是我也不知道你能不能用得上，所以说是很单纯的东西，并不是说其他的想法。

问：就是这种单纯是最可贵的。我昨天跟那个女生访谈之后，今天早上写了一段文字，然后我就觉得让我非常的感动。一个90后的很可爱的小孩，很单纯、善良，很多我没问她的问题一股脑地讲了出来，这是该多信任一个陌生人，她要多信任你才会把她的家庭、她成长的所有事情都告诉你！我觉得这个真的令我蛮感动。

答：我觉得深圳本来就是一个很年轻的城市，我之前曾经想过走，但是后来又选择了留下，我觉得这个地方有我喜欢的。你看深圳这边的人都穿的不怎么样，不是很在乎外表的那种东西，因为大家都很忙。我记得之前我在华强北上班的时候，每天走路都走得好快，可能这个地方还是蛮适合创业的。我不敢冒然离开深圳，我怕万一我老家办证很复杂、麻烦。深圳就很正规，别人跟我说越大的城市越正规，所以我们就觉得这里还挺好。但是我们也想过，我朋友也想过在成都做，成都我真的不大清楚，我不熟的地方不敢冒然去，我说你们去就好了。因为我本来自己也属于是兼职做这些，精力也有限，但我曾经有想过辞职来做，后来我想了一下，自己身体不是很好，如果真正走向这条路的话，我生了孩子，要面临着带小孩，可能精力上更欠缺，所以这两年我想先调整一下，然后把重要的任务完成。但是在这期间我没有停止观察。你必须把自己跳脱出来，你不能用固有思维来考虑这个，你要站得远一点，站得高一点，看得远一点。

问：你说到如果大家都不看电影了怎么办，是不是 leader 或者创始人都要有一种居安思危的紧迫感？

答：我不知道是不是天秤座的人都会这样，但我这个人，会觉得你永远不能觉得自己已经一帆风顺了，永远不要这样子想。你永远要对人生和职业有一种危机感。可能会有不同的人、不同的事情或者行业来取代你。如果会有这种情况发生，我为什么不自己站出来？我要看一下，如果我的店可以转型，转做其他的，或者转来加一些东西，我可以跟得上时代的步伐，那我就要跟上，我不能让自己被拍死在沙滩上。所以我们经常会关注这个行业的变化。如果深圳没有的，那我跳出深圳来看上海。现在我不会再看广州，我觉得广州还没有深圳发展得快，所以我会看成都、上海、北京。我现在主要是看成都和上海这两个地方，成都的餐饮发展得特别快，所以我们对它特别关注，我每次去成都都要逛购物中心和餐饮，了解现在是在做什么样的餐饮，流行什么趋势。上海那边接触最多的是一些从国外进来的东西。虽然我的店现在还是在做冰淇淋，但是我心里不停地有新想法，只是在等时机，如果有合适的位置、合适的时间点，那我就会开始做。

问：始终保持着对这个行业高度的敏感度，而且这个敏感度是基于这个行业发展的最前沿的。

答：对，你现在虽然知道你做的东西不是这个行业最前沿的，但是你要知道现在最前沿的是什么。此外，虽然我自己只做冰淇淋，但是也要了解其他的餐饮在做什么，或者有没有其他切入点。我从来没有限定自己只做什么，任何只要我可以切入进去的，我都可以考虑来做。

问：我问一个可能不是太礼貌的问题，你们家里面是做生意的吗？

答：家族里面就我做生意。

问：那是什么原因让你选择做生意呢？是喜欢还是什么？

答：我读大学的时候就开始在淘宝上卖衣服，一直不停地折腾一点什么。那时候淘宝才刚刚开始，自己从盐市口那边拿衣服，然后放到那上面来卖。读大学时也会去兼职做像礼仪小姐。我是一个想法非常多的人，喜欢到处看。做生意是开始工作之后，真正地想要做点什么。因为那个时候我刚刚进入政府部门工作，时间很多觉得自己太空虚了，感觉自己好像虚度光阴。所以我想做点什么，又不能耽误我的本职工作，后来就想到做这个，如果有人专门管理的话，我又不耽误本职工作，又可以额外有收入。还有一个理念就是，永远不能只碰一样，这是从小我妈妈跟我说的。就是说不管你以后的工资是多是少，你一定要有一份稳定的工作，这也是我妈跟我说的。我觉得高兴，自己赚的钱，想买什么就能买什么，老公不用多说我，当然就算我不做这个生意，我花钱我老公也不会说什么。因为我这个人属于花钱比较大手大脚的人，我不是很在意钱的。你自己花的多了，肯定就想赚的也多嘛，所以这是两面性的。

问：能分享一个你创业过程中失败的经历吗？

答：我曾经开失败过一个店，我以前太相信别人了，这一点真的很不好。当时我的顾问跟我说，觉得负一楼那个位置很适合做冰淇淋，我自己没有做过很详细的市场调查，就听了他的话，投资了60万，又开了一个冰淇淋店，等于一个店在四楼一个店在负一楼。我用钱买来了这次失败的教训，后来了解到负一楼的消费人群和四楼是不一样的。因为负一楼地铁通道的人很匆忙，他们不会专门刻意地休闲，所以说地铁通道的定位一定要快，速度快，你的品牌吸引力一定要足够高，或者是你有一些味道能吸引他，但是冰淇淋没有味道，饮料是鲜榨果汁做得很慢，所以那个店基本上是开失败的。

当我发现自己的店不能起死回生的时候，我就拿到了××的代理，因为我知道做饮料是可以的，我去了周围很多商城以及地铁商场，我发现这个收入是很稳定的。通过这次经验，我发现真的要在商言商，不能太相信别人，一切都要靠自己的实践。

问：所以你的两个店都在这一个商场里面？

答：对，现在是有一个冰淇淋店在4楼，一个贡茶店在负1楼，还有一个冰淇淋店在其他商城也是4楼。

问：也就是原来卖冰淇淋的店改成卖茶了？

答：对。

问：它也是那种快销的方式吗？

答：对，速度很快，茶都是煮好了的，从买到拿到只需要 3 到 5 分钟。

问：你可以分享一个最开心、最成功的事情吗？

答：最开心的事就是我开业这一个月赚钱的时候。因为当初以为这一个月会亏损，都已经做好了心理准备，没想到一个月下来反而盈利了。其实做生意这整个过程都会让我很开心，因为让我找到了自己的价值。我老公家是传统的客家人，他们认为女生就应该在家相夫教子，但我认为在家生孩子没有问题，孩子不应该是家庭的全部。我父母送我上大学，我想不仅仅是为了让我待在家里生孩子的。我老公的观念和他们家族不一样，这方面他很支持我，这两年其他的事情都是我老公在帮我。在生孩子方面，我老公也被我潜移默化地影响了，认为家庭里最重要的是我们两个，我们两个才是家庭的核心。

问：那你和你的合作伙伴之间有明确的分工吗？

答：她负责付钱和收钱，还有每个月审账。

问：合作伙伴是个男生还是女生？

答：女性，她也是我学习的榜样，她是做服务员出身的，现在是一个集团的 HR，她的智商和情商都很高，她也经常教我员工的管理，很懂得员工的情感关怀，她说这是现在的员工最需要的。

问：那你们创业的第一桶金是和合伙人一起出的吗？

答：对，一起出的。

问：这个人就是你一开始的合伙人？

答：对，我做任何事情包括现在谈其他生意，我们都是一起，我们是一个整体。

问：现在很多大学女生都开始创业了，我想问你有没有什么东西可以让她们借鉴？

答：我觉得刚毕业的女孩子，她们的内心还不够强大，就像我刚刚说的创业遇到一些挫折，有的连挫折都算不上，这是社会里平常的东西，但她们在学校里没有接触到，还需要一个适应的过程，心态比较重要，调整好自己的心态吧。有一些女性比较柔弱，在你走上创业这条路后就不能把自己当女性。还有当你处于一个比较高的位置时，要谦虚一点，因为你接触到的人不可能跟你都是一个层次、一个高度的。像我之前也是跟那些工人打成一片，有什么不懂的就多请教。还要学会跟不同的人打交道，就算是对着不喜欢的人，你也要笑，没办法，创业都要面对这些。

问：那我是不是可以理解为你选择创业，一是读大学时就有这样的想法萌芽，然后遇到了这些资源，再加上骨子里有一股冲动，这么久了都能够坚持下来，应该是一个比较理性的东西了。

答：原因应该是缺钱。这样一个店，如果每个月能赚几万块钱的话，而且这笔钱赚得也相对比较容易，就会好一点。我还有一个想法就是，我宁愿年轻的时候辛苦一点，也不愿意我年老的时候还在外面拼搏。我喜欢积极的自己，还有看到自己的东西都是自己创造的，会有一种满足感。

问：你说以后你再发展新的店面时会选择别的城市？那你选择别的城市是因为在深圳同质性的东西太多了吗？如果要到其他地方去，你就相当于是一个外来者，也许那里已经有了这种相像的东西，也许不是完全相同但是或许相类似，怎么跟他们竞争呢？

答：其实我不一定去到别的城市，就像我去上海、成都那边去找到一些这边没有的，因为深圳的同质化真的特别严重，然后我会在那边找一些这边没有的进入深圳市场。因为深圳是我的大本营，基于自己的生活和工作，我可能基本上都是在深圳。

问：那是不是可以认为你的核心业务还是做餐饮，要扩张的话应该也是跟这方面有关的，会不会考虑这方面上下游的业务？

答：会。我们上游的原材料，我跟他们谈过中国和亚洲市场这方面，我当时有想跟他合作，有跟他讨论过哪个片区来做。虽然还没有确定，但是我有去考虑过这个问题。要是往下走的话，我们当时都考虑过，有想做冰淇淋的我们就给他们出货，但不负责配送，这些都有考虑过，因为我们的东西是现成的，只是多和少，多一点也没关系的。

问：我特别欣赏你的一点是做餐饮一定要有良心。很多创业者都把利润看得特别重，因为没有利润就不能维系了。是什么让你把利润看得特别薄而更注重品质呢？

— 177 —

答：因为我们看到的或者不知道的事情，很多都是吃了一些不健康的东西然后导致身体方面的问题。我不能要求别人，但是我可以从自己做起，就是我的产品一定要有良心。我的师傅跟我说，我们不能做哪些饮料，因为这些饮料对人的身体会产生不好的影响，于是我也会跟我的团队说我们不能做这些东西，这就是我的底线。产品质量一定是我们这个品牌的基本要求，我不说最高要求，我们利润一定要有，但是要有良心，食材的品质对得起你们买这个东西。

问：未来发展的考虑是什么呢？

答：我想以健康添加为理念做一些更深层次的东西。虽然我现在的食材是无添加的，比如冰淇淋的色素也是从食物中提取的。我不会有一些很鲜艳的东西，我的冰淇淋都是原来的颜色。我们想靠健康来研发出更多的东西。

问：我对你的中央厨房很感兴趣，可以介绍一下吗？

答：我们当时为什么会有中央厨房这个概念呢？你知道在深圳商场都是寸土寸金的，我们曾经考虑不在每一个商场都设点，而在一个中间的位置，所有东西都按照要求来做，哪个店打电话提前订货，到时间我们就做，然后给他们送过去，有专门配送冰淇淋的箱子。中央厨房不仅节约店铺面积，提升顾客舒适度，还让我们的店面看起来更加舒服，而且节省了员工、资金。

问：你有在做网上销售吗？

答：暂时还没有，你知道我们这个要做的还有很多，因为这个是不加防腐剂的，最多只能放三天，我们的店我敢保证东西如果三天没有卖完就会销毁了。

问：我可能会觉得除了你的产品之后，你的经营理念让你们很有竞争力，除了这个你认为还有没有其他的影响因素？

答：员工是很重要的。如果你的员工理解你的经营理念，那么就会跟你往同一个方向发展；如果员工不理解你的经营理念，那么他就会跟你朝着反方向发展。

问：我觉得你很有经验方法和理念，你的这种经营方法和理念是从哪里来的？是自己总结出来的还是怎样？

答：圈子很重要，当我遇到一些难题时我会问他们我应该怎么处理，他们会告诉我一些方法，然后再总结出来。如果你的圈子里面都是一些很乐观的人，当你有负能量的时候他们会给你很多积极的鼓励。

问：你有没有考虑过请一个全职的职业经理人来帮你管？

答：其实有想过，但会出现很多问题，我原来想的是引进一个人，然后给他一些股份。但没有遇到很合适的，就是有些人高不成低不就，我一定要保持我店里的稳定性，暂时还没有遇到合适的人。

问：我发现你们成功的人都会有一些共性，比如你们都很感恩，这是不是成功人士的一个特征？

答：我觉得如果你是这样的人，你要相信你的朋友也会这样对你的。如果你把利润考虑的太重了，那别人也会这样对你的。

我接触的那些90后，他们父母都会给他们说只要有个工作就可以，反正家里是你的后备力量，只要能满足自己最基本的生活就可以了，所以他们没有后顾之忧，我不知道你说的是不是这个样子？

问：我觉得有这样的，他没有任何的生活压力，那么相对而言他的生活是独立的，经济是自由的，这种情况下，他当然有更多的时间、精力去投入他想干的事业。我身边有一些比较成功的女性，她们有的做研究，有的做生意，还有女生创业的，我发现她们有一个共性就是都很乐观，都很积极向上。因此我也想，她们是不是财务自由了、经济自由了，才会有这样子的状态。

答：我一直以来都很乐观，我觉得拥有这种积极乐观的心态，在做任何事情的时候都会让你觉得很有满足感，特别是做一点东西得到大家的认可，感觉很开心。

这是我们店比较好的店长，她经常去看市场，看了以后就会在群里面和我聊。比如：我可不可以做一个促销？一楼的顾客比较多，她就拿一个托盘，上面放着饮料，给人家免费试吃，发个传单什么的，然后就把顾客带到了我们四楼。但是另外一个就不一样，你看她朋友圈就知道她是情感方面很需要肯定的人，她经常会说一些她觉得很重要的事情出来，让大家认同她，也会经常发一些情绪方面的东西，很需要得到大家的关心。我觉得她不适合做一个有想法的管理者，更适合做一个执行者，执行者是不需要花太多思考，我觉得这样一个执行者适合做一些偏文职的工作。她不适合做管理，因为她在跟人家谈事情时，会把太多情绪方面的东西带给对方。其实员工是不喜欢这种方式的。她在招聘方面也有一些问题，因为我们招聘有一个试用期，这时属于双方选择的阶段，她是在这个阶段发现不了人家的问题，经常是转正之后我们要付出成本了，她才会给我们说这个人在试用期不行！这样就会增加我们用工的成本，所以一个团队真是太重要了。

问：往后走，要不然就引进管理者，要不然就换掉这个人来一个新的店长。

答：有时候重新洗牌也是一个好方式。重新洗牌需要找准一个时机，当你有这种想法的时候就要开始准备了，招一些人先不要多说，就放在其他店里，而且不能一次性招完，要分开来。这也是别人教我的，不要一次性集中处理这种事情。我们不希望他们抱团，在某些时候，随时走一个我补一个进来，在各方面都会比较有经验，这些员工我都会觉得他们也不容易，因为我妈给我说要心存好心。

问：这是女生善良的一种本质、一种天性。男性做事情比较决断，女性会考虑很多。

答：我觉得做任何事情的时候，应换位思考。你帮我管理店员的时候，应战在双方的立场，然后取一个中间值，不能干什么事情都以老板的立场，不能拿着老板的名头去做，也不能拿着员工的名头来要求。我觉得，这是不专业的表现，你作为一个店长应该取中间的一个东西，而且我希望你带着问题来，同时也带着解决方案。

问：这个对店长的要求很高。

答：但是作为我一个店长，工资在这个行业也是可以了。其他店经理的工资还没有我们店长高。

问：是因为圈子里不缺人吗？

答：不是，深圳近几年一直缺人，但是这个行业就是这样子，这个行业的工资水平每年都在提升，但是进入点很低、门槛低，来的人自然就多，但是你要想找到自己想要的管理者，就得慢慢培养。我经常对店长说，我希望和店里的人一起发展，从店员到组长到副店长到店长，我持有一个非常开放的心态，只要你有这个能力，员工工资、福利都可以谈，只要你觉得你真值这个价我可以给你，但你也要自己斟酌一下。比如你什么都不做的情况下你给我谈交易，要奖金你就得拿出你的成绩，如果你做不到这个销售额，我是不是应该扣你工资呢？你只达到了最基本的要求就来给我谈奖金我觉得是不合适的。以前我做普通员工的时候，不知道为什么我的领导每次都会给我讲这些东西。当我自己做到管理决策的时候，终于明白了我的老板当时说"加工资没问题呀，只要你做的这些事情值这些钱"。其实这也是一种换位思考，但是以前自己不懂。后来随着年龄和阅历的增长自己就懂了。所以，我也不知道现在90后大学生，是不是真的有这个心理承受能力，能承受失败。做任何事情你不能只想成功，万一失败了怎么办呢，你要承受这个失败。

问：我很好奇，你下面那个店失败之后，你老公是怎么样的态度？

答：没问题，对于挣钱这个事情，我觉得我们有去改变。因为我们不停地在调整，不停地在做方案。确实是有问题的时候，亏了就亏了，亏了也回不来，亏了再赚嘛。我们对亏钱已做好了准备，不会引起家庭矛盾。但是有一些人看重这个钱是借的之类的，可能亏了以后很久才爬得起来。我觉得他们在做这个的时候太孤注一掷了，把自己搞得这么辛苦。你自己所有的投资都要在自己可承担的范围内，不要让自己爬不起来。他们这么年轻，爬不起来对于他们真的很困难。所以，我觉得可承受范围内都OK的。我妹妹去年大学毕业，今年给我说她想去创业。我问她，"你要做什么"。她说，"同学让我去做服装"。我说，"你了解吗，这个场地是哪里，主要是哪个风格的，哪个群体消费的，你有去了解吗，你有做过调查吗，你想开店周围的竞争者又有多少，你有没有目标。"她说，"没有。"然后，我说，"那你准备在哪里开呢？"她说，"她现在在北京，她准备在河北开。"我说，"那是一个新的地方，你了解吗？"她说，"她朋友了解"，问我有什么看法。然后我这么给她说的，"我大学同学现在买别墅，但是他是专门做批发的，他做的是蛮时尚的那一种。还有一个朋友做的韩国服装，他的消费群体专门是对我们这些钱不多，但是又可以购买的群体，他的那些服装基本上只穿一期，后面就没法穿了，从韩国回来的，当时很好看的那一种。"然后，我给她讲，"你自己要先了解一下你朋友想做什么样的服装，你要看一下你开店的那个位置如何，比如你开在菜市口边上，然后，你又卖的韩国服装，这种根本不可能，对不对？"我说，"你要先了解一下，你要投资多少，在你没有进项的情况下，你的流动资金可以支撑多久，你的合作伙伴是不是值得信赖的。不能是简单的朋友，合作伙伴是与朋友不一样的，所以你要再考虑一下。你的租金，你要做多少钱才有得赚之类的，你要算一下你做不做得到这么多钱，生意创业不是说做就做的，不是我说这句话你就真的做了，前期还是要做很多市场调研的。"所以，其他的创业者应该在创业时多做点功课，对于后面的发展是很有利的；如果前期什么都不做，就茫然开店，我开第一个店时，就没有做市场调查，所以失败了。我觉得市场调查和消费群体都是很重要的，你有一个好的项目，但没有找到一个好的目标——消费群体，没有好的认知，那么就相当于失败了，好的项目也要放在好的地方。

创业者访谈实录 3

访问对象：陈日婷
访问地点：深圳
访问时间：2016 年 9 月

问：可以先了解一下你的团队的情况吗？

答：我们团队目前有 11 个人，主要构成为 90 后，唯一一个 80 后是我们的主编，他是 85 年的。我们是一批不谙世事的年轻人，想要去创业。在创业之初，我们团队没有有资深管理经验的人，其实当时很担心。但经过一年的努力，我们向大家证明了我们是在往这个方向努力，同时也得出了很多数据和结果。最近吸引到一个很资深的总监加入我们的团队，现在团队成员为 11 人。

问：你们团队主要是做创业文化的宣传吗？

答：我们定位为创业媒体，比如像 36kr、创业邦杂志，给创业者提供服务。我们现在提供的服务有品牌传播和媒体公关。帮助创业公司做品牌传播，这是我们基础、常规的服务，还有帮助创业公司做定制的内容营销或事件营销。未来等公司信息和流量足够大的时候，我们会希望做偏金融投资领域。因为我们现在在很多创业项目，他们最大的需求就是融资，所以我们未来会做融资服务。

问：我可不可理解为你做的是一个创业平台，一个信息整合的过程。

你的主营业务是通过资源整合，在团队的共同努力下，将创业的消息和资源通过媒介传播的方式传递出去，帮助创业者基于他们的领域去实现公司的传播。

答：是的，实际上它是以媒体介入方式的创业服务平台。

问：这个切入点很好，之前在成都接触的创业女生的团队，他们要么做实体，要么做创意点子的传播。真正把这个创意点子平台做出来的，你是第一个。所以很感兴趣。

答：大多数人一般不做，因为这个很容易"死掉"的。

问：你们前期资金是怎么来的呢？

答：去年6月，我辞职之后，一个人开始招兵买马。33万是我的启动资金，但是很快7月14日我们做了一档"90后创业访谈"节目，当时节目的观众中，就出现了我的投资方，他觉得我的创业项目很不错，于是给了我100万。当时，企业的业务线、盈利模式等等都没有，就是一个创意的点子获得了天使融资。

问：现在公司发展情况如何？

答：我们现在整个业务情况基本上已经稳定下来了，而且最近我们有很多的好消息，因为我们现在已经整整运营了一年时间，现在也有一家在背后资助我们。

问：如果方便的话能不能给我讲些其中的故事，因为我很想去了解一些深层次的东西，我觉得只有一些经历才能把更深层次的东西捕捉得到。

答：只有疯子才会去创业，真的就特别想不开。每个人出发的初衷都不一样，我属于从小就有从商念头的人。因为我家里是做生意的，我希望自己将来也能够做生意。原来我的小梦想是开个超市，名字都想好了，从小学开始就想好了，叫日日生，因为我名字中有个日字。因为我所有的目标都朝着我要从商这个目标在做，所以我大学四年期间的经历都跟品牌中国有关。品牌中国是一个推动中国自主品牌企业发展的平台，他给予我很多和企业家交流互动学习的机会。通过四年的积累和沉淀，我对商业很敏感。毕业之后，我的原计划是先在职场历练三年，至少三年，再创业。因为2014年年底八个大字的影响"大众创业、万众创新"，我坐不住了，我发现我身边的人都创业了，大学期间非常活跃的社团主席跟我说他创业了，拿了多少多少钱。在一定程度上我属于被这个浪潮所推动的，它不是我计划中的事情，所以我就提前了一年的时间。

问：你觉得为什么别人要投钱给你呢？

答：早期种子的时候，大家其实上都会说投的是这个人。会从几个维度去判断：第一，这个人是否具有创业者的素质；其二是否有这样的决心；第三个就是统筹解决问题的能力。这几个维度去看，我的天使投资人做了很多调研，我从小学、中学、大学所有的经历他们都是一清二楚的，给我的结论是很拼，早期就投了。跟项目无关、跟商业模式无关，因为那个时候什么都没有。

问：我经常看到那些真正的成功人士都是很平易近人，很接地气的，也很愿意去帮助别人，这是不是有一种返璞归真的感觉？

答：对，因为我自己也经常得到一些帮助，所以我现在也在尽力去帮助别人。我其实是一个比上不足比下有余的人，每次都会用这种心态来激励自己。其实我在大学期间可以做很多事情去挣很多钱，可是我放弃了那些挣钱的机会，没有去做挣钱的事情而是去做公益。而且我是一个很排斥功名的人，我说话和交朋友都要看面相，不喜欢的就不会去交往，有点爱憎分明的感觉。

问：你们做这个想法的初衷是什么？

答：我们是有条件使用卫生巾的，但是还有很多落后的地方的小朋友是没有使用的。我以前做过很多支教之类的公益活动，包括邓梅老师的爱心午餐。一起上深圳传媒科技有限公司前身的名字叫做深圳市一起上教育科技有限公司，我一直想通过教育去推进。我后来才发现我要先创业，才有能力通过这个平台去号召更多的企业家或者是媒体来关注这个事情。

问：你现在创业合作的小伙伴是你的朋友、同学、还是其他的？他们是怎么聚在一起的？

答：我的这些小伙伴里有我的高中同学，还有大学里一起参加过比赛的朋友。他们都属于我做了半年多以后才加入进来的。

问：你们这个团队现在的分工是怎样的？

答：我们这个团队的构架其实很简单，上面有董事会和监事会，然后就是CEO，下面还有一个副总，他是我的合伙人，在管理所有的部门。我主要负责战略，还有拓展资源。

问：现在经过一年能够存活下来，应该说还是具备很好的竞争力的。

答：其实这一年死了很多公司，倒闭了很多公司。

问：是，我就是想问，深圳这个创业之都应该有不少跟你们同类型的公司，那么你认为你们存活下来的理由是什么？或者说你们为什么存活下来了？

答：我觉得最重要的原因是我是一个很懂得开源节流的人。一般人拿到钱时第一个想到的是扩张，而我把整个成本控制得很低，因为之前我的很多方向很模糊，不清晰。这时有的人不适合，我就想把他fire掉，然后把人力成本减下来，所以我先把资金链控制下来，让它不断裂。有的人属于扩张后，资金链断裂了，下一轮融资又到不了账，那就只有关掉了。像有一家公司，跟我们同类型的创业媒体公司，做这家公司的还是一个非常资深的大叔，他们最近就把深圳分公司关掉了，因为他的下一轮融资遇到了问题，只能把人力给卡掉，还是以广州为中心来做，就没有扩到深圳了。

问：可不可以理解成现在你们公司主要的资金来源是通过融资？

答：对对对，融资。我们直到最近才实现整个盈利平衡，相当于一年的时间来实现，最近我们有一个很大的订单。

问：你之前说学的是什么专业？

答：汉语言文学。

问：那这个经营管理这一块是自己自学的？

答：我会看很多的书，但我觉得全是理论。当你发现实操的时候，最难的是人性。其实我觉得自己在这些方面很欠缺经验，我希望下半年可以找到职业经理人来帮我管理公司，目前是有一个有六年工作经验的女性，但是她要的年薪太高了，我没有办法给她，所以只能舍掉，这个时候只有靠自己了。

问：那你们对于自己公司未来的发展定位是什么样的呢？

答：先说三年的计划吧，我们希望立足深圳为核心辐射全国，把我们最好的产品与服务带给企业。

问：这一年有没有什么让你印象深刻的事情？

答：我觉得这一年，深刻的事情就是我自己，我自己有很大的原因，当我自己没有仔细去想清楚具体要往哪里走的时候，我的团队、我的小伙伴会很迷茫，会跟我坚持，但时间不能太久。这些年陆陆续续来了很多人也走了很多人，每走一个人，我会很容易怀疑自己，想我适不适合创业，没有给力的人该怎么办？我很焦虑，所以我这一年的睡眠时间每天平均三到四小时。

问：太拼了。

答：对。就是这种状态，我一直在调节自己，所以现在可以一点钟就睡了，以前都是两点钟三点钟左右。

问：然后五六点钟就起来了？

答：嗯，对。大概六点多，七点钟就起来了。

问：那你的工作时间将近常人的一倍了，那么你平时怎么规划自己的时间呢？

答：我太容易分心了，导致自己的效率很低。为什么这么说，我的微信好友太多了，我一打开好多消息，然后就你来一句我来一句，所以不专注，导致自己的工作效率特别低，所以我现在调整过来，我希望每次至少六到七个小时的睡眠时间。

问：对，至少要保证六个小时，因为这是很科学的。

答：对，我的锻炼时间也有了，我自己去旅行休息的时间也腾出来了。因为这一年还是蛮动荡的，所以我现在尽量让自己多待在公司，哪怕在公司我不需要处理任何的细节事情。我在那，他们就会觉得有安全感。之前的一年时间，我大部分的时间都在往外跑，那样非常不好。

问：是找业务吗？还是？

答：不仅是找业务，还有参加一些活动。之前一年东奔西跑，我有种在空中飘的感觉，心理不踏实，感觉不接地气，不清楚路在哪里，也难以找到他人的支援。当然，这也许是必由之路，在这样的过程中，不断加强认知，开阔眼界，提高洞见力；也结交朋友，认识请教了很多大牛。在与他人的交流分享中，可以吸取经验教训，反思自我，激发灵感，优化自己的商业模式，找到新的盈利点。所以，创业之路，学习、分享、思考、实践一项都不能少。当然，创业也需要天时、地利、人和。

问：可以给我们讲一到两个例子吗？分享你在创业过程中的喜悦与艰辛。

答：我觉得艰辛的那一部分其实就是刚才的那一部分，就是人不断地走，最艰难的时候只剩下了三个人，而且这三个人里还有两个人飘忽不定，当时我在想是不是完蛋了，是不是要放弃。但幸好有一个坚定地跟着我走，只要有一个人愿意跟我说，我信你，那时候你的内心会很强大，我觉得这是最艰难的时候。动摇了，想放弃了，你又找不到任何人可以倾诉，不把自己最软弱的一面告诉任何人。

问：尤其是别人看见最光鲜亮丽的时候。

答：对，所以 CEO 都是孤独的。

问：应该说成功的人都是孤独的。

答：每当这个时候，我会找一些自我调节的方法让自己静下来。还有比较难的就是不知道方向在哪里，这一点对于创业者来说是最难的。不知道方向在哪里，不知道接下来该怎么走。

问：那你现在找到方向了吗？

答：找到了啊。

问：就是用了一年的时间？

答：对，交了一年的学费，我是这样理解的。交了一年的学费终于知道路怎么走了。有这么牛的主编，还加进来两个，他放弃了一年拿四五十万的薪水，来我这一个月拿八千。

问：那应该是确实想做一些事情，而且很有想法。

答：他现在和我们一起玩的时候，我们90后，跟青年人在一起，那种状态，他很喜欢。

问：嗯，是，总是有一个让他坚守的东西。

答：对。

问：高兴的事情？

答：我觉得应该算是高兴的事。

问：或者是在这一年里你做的最成功的事情。

答：我觉得在这一年里做的最成功的一件事情，就是我的心态的调整有很大的改变。在员工的管理上，我以前是一个很自我的人，自我到听不进去别人对我的意见，他们给我提出的东西，我会觉得不行，必须按照我的方向来，从下半年开始发现自己的问题了，不断地暗示提醒自己包括写便签条放在床头提醒自己。

问：是你自己发现的，还是有朋友给你，或者你自己提醒自己？

答：我自己有感觉得到的，朋友也会给我提醒和建议。不行，我必须改变，不改变我员工都有可能离开我了，然后我从自己的角度去做改变，现在整个都挺好。他们想穿拖鞋上班，随便啊，OK啊，可以啊。包括现在他们对我说，他们其实挺怕我的，在之前没有调整自我时，我一走进办公室，所有的人都安静下来了。

问：脸都是绷着的是吧？没有笑容。

答：对，没有笑容，大家都害怕我，就是我要骂人了，就是很神经，很紧张。有问题都不敢提出来，然后我发现了这个问题，不行，这个不对，我就只能去改变自己。后来大家用了半年的时间在团队磨合上，大家都知道我是一个怎样的人，因为在生活当中，其实我是一个很开放，很聊得来的人，但是我不知道为什么一进入工作状态当中，我就很认真。这种认真是属于很锱铢必较的那种，对，很追求完美，所以他们就很崩溃。现在有记者跟我说，今天可不可以不坐班啦，我说可以啊，你走吧。然后他就走掉了。

问：你身边有没有这种像你一样，年轻的刚刚毕业不久就创业的女大学生？

答：有啊，很多，还有在校的。有一个女孩子特别优秀，但她不是大学生，她十八岁，刚高三毕业。不过她应该是个富二代女孩，因为她做的那个事情，在她现在这个年纪能做，应该是家里的。

问：对，我之前找我一个朋友，帮我找访谈对象，他说如果毕业五年能够创业的女生，要么是富二代，要么是自己本身条件非常得好。

答：对，是的。包括我也是在这一点接触了很多人。所谓的十八岁CEO，还有海归回来的那些，她们家里条件都很好，有很广的资源，自己也有留学经历。最早我们这个平台就是为90后创业者服务，做创业传媒。但是一开始我想写这些所谓的富二代创业者们，却又不敢写。因为担心争议太大了，觉得大家不在一个圈子里。可是她们主动找到我说阿日姐，我特别认可你做的事情，来帮助90后创业者实现梦想，然后就开始跟我建立了联系。建立联系之后，他们每次做活动都找我做媒体宣传之类的。然后我发现我就对她们改观了，就是没有仇富的心理了，仇富的心理是来源于自己内心的认知缺陷以及自卑。其实她们也很努力，特别是这个女孩，大三的学生，很拼，凌晨两三点还在跟我讨论方案，她是一个信佛的女孩，所以很善良，还有内心的这种心无杂念的状态让我觉得很难得。

问：不是"欢乐颂"里有一句话吗？连富二代都拼了，你有什么理由不拼。

答：对啊，这句话实际上给我最深刻的是在我大三寒假的时候。我觉得我算是比较聪明的那一类女孩，我懂得怎么样让我去获得某种机会，比如大三时我的学长做香港的IEP那个项目，用七天时间去香港采访企业参加策划比赛这种商业类的项目，当时他跟我说"哎，日婷你要不要去？"我发现项目费要四千块，再加上住宿交通，没有一万我去不了的。想想，我妈当时每个月给我一千的生活费都很紧张，我说，学长怎么办？我去不了。然后学长告诉我一个方法，就说这样吧，我帮你把项目费免了，你吃的和交通费自己承担，住的地方可以和另外的学员挤一挤，我给你安排，但是前提是你必须帮我把这个项目做推广。我说，这个好，可以。然后，我就去了香港。去香港做项目的时候其实很自卑，现在找那时候的照片我都不知道为什么我穿的那么土。在香港当时有35个学员，自我介绍时，什么清华、北大、武大、南开，全是名校的，长的也很好看，然后上来就说他家是干什么的，而且我们那个项目重点是挖掘你潜在的客户，因为是在金融行业嘛。我当时很自卑，很害怕被别人看穿，外表表现得很强大。第二点就是，我们去的时候十个人一组分导师，导师都是根据学员的各种条件来评估要不要带你或指点多少的，所以我当时就觉得我是属于被冷落的那个人。但是我的策划能力很强，在整个比赛最后被推选出来做那个演说者。当时我们组拿了优秀奖，那个导师觉得我是那种什么都没有但很努力的类型，所以他对我也很认可，我们现在一直保持着联络。我觉得你有没有被尊重的条件是你有没有被尊重的养分。

问：这点很重要，就是他认可欣赏你这个人，自然会给你机会。

问：你身边应该有很多同龄的创业男生，女大学生跟传统的比如老一辈女性创业者有什么不一样，她们跟同龄男创业者又有什么不一样？

答：跟老一辈女性创业者不一样的点，主要从个性成长出发，不愿意做大而杂的东西。第二个是思维方式不一样，我们讲究个性更加开放化、更加平等，但是她们还在用老套的思维方式，她们认为人脉才是最重要的，实际上我们发现并不是这样的。因为你的产品、你的服务不是你认识多少人就能卖给他。和男生比较的话，男生有很大的优势，男生决策能力很强，女性很难 hold 住年纪大又有经验的女性，男生能 hold 住女生，甚至年纪稍大的。

问：你觉得你创业最大的优势是什么？或者说你成功最主要的原因是什么？

答：天时、地利、人和，天时主要是政策推动，地利是因为在深圳，最关键的是人和，我个人应该说是真诚的，可以去打动很多人。他们愿意相信我，有诚信客户才会信任你，才会把 case 给你做。所以我觉得人和是关键。

问：你在成长过程中成功的累积让你会有更好的信心，积累的这种阶梯，你觉得是你个人身上体现出来的，还是你身边的女生像你这样的创业小伙伴的共性？

答：我觉得应该是一个共性。我的生活一直很顺，但是这是我努力的结果，天道酬勤，我一直坚信不疑，我想把它分享给更多的人，我是一个爱分享的人。我用一个月时间去了三个城市，给大家分享我的求职经历以及大学生活应该怎么做。

问：你就这样子去了，人家会理你吗？

答：会，因为我有那个基础，我所联系的这些都是通过社团去承办的。我跟很多老师都还有联系，明年我可能会启动高校巡讲计划。

问：你大学时候从事的社团推广活动其实跟你现在的工作有很高的契合度，而且你求职的经历你觉得可以跟人分享，那这些会不会反过来成就你现在做的这个媒介平台？

答：我一直都很关注青年的成长和发展。

问：这个是来自什么样的动力呢？

答：大学四年期间我觉得我所有的成长都是受人启发、指引的，我希望我自己也可以去启发别人。

问：你花这么多时间去做这个事，仅仅是因为它有意义吗？

答：对，我是一个追求自我价值实现的人。

问：我是不是可以认为你们生活中追求的还是有一部分物质和精神价值，但精神层面更多的是追求纯粹的精神价值？

答：是的。

问：但这样会不会呈现一种矛盾？

答：不会，因为有舍就有得。我之前讲过，我是一个比上不足比下有余的人。现在摆在我面前的是，当我卡里有1万块钱的时候，有人就会说，你是去星巴克坐着喝一杯咖啡呢，还是回家喝白开水。我就是那种回家喝白开水的人。

问：还真的想不到。我的老师说，你去访谈一定要记住，在你的访谈中，应该去了解被访谈者的内心，去促使她做这件事情的动因是什么，因为只有这样你才可以去了解更深层次的东西。

答：对。之前我去提问的时候，我需要打开那个人的心扉。比如，像今天，原本我是想选择性地说，有些事是不想说的。但今天我把我想说的和不想说的都说了。

问：我们这代80后，做一件事情之前可能要想一二三四的框框是什么样子的，这个事情符合我的这个框框，在这个框框之内我就会去做。当然你们90后的尤其是创业这一群人，我不管这个框框，我先选这件事情本身，这件事情符合我的点，那我就去做，做的过程中再去找这点，理解这个框框是什么。如果这件事情我可以去处理我就去处理，不能处理我就去想办法用资源用其他的方式把这个框框去掉。

答：对，是这样的。因为那句话很对啊，这个世界上本没有路。

问：走多了就有了路。

答：对，就是这样的一个过程。所以我发现中国文化博大精深，我现在越来越喜欢研究易经、国学，因为我觉得有很多深刻的内涵在里面。

创业者访谈实录 4

访谈对象：李宝平
访谈地点：成都
访谈时间：2016 年 6 月

问：请介绍你的团队情况和发展历程。

答：团队是在大一入校时成立的协会外联部基础上建立的，成员都是有创业梦想的人，到现在有 5 年时间。目前有成员 22 人。4、5 个人是理工专业毕业的，其他的是川音、川师的学生和一些社会人士。目前有在读学生 3 人，其中 2 人为环工院研究生，1 人是中英联合办学项目的本科生。团队成员中有 2、3 人在高中阶段就有创业经历，大一曾经做过辅导班。刚开始只有 2 人，第一年开了 5 个店，第二年扩大到 30 多个，川内高校有 300 多人担任辅导班教师（本科和研究生）。团队发展到后来在运营能力上出现了问题，因为企业达到 300 多人时仍然采用 50 多人时的管理模式，创业失败，赔了一些钱。为还钱四处找项目，第一个项目是组织川内高校创业计划大赛，单独列了一个实践环节，联系了陕西 U 吧洗衣液，赚了一部分钱。后来找到成都招商银行分行，做成都市内大型批发市场 POS 机，因为有一定优惠也赚了一部分钱，与前面赚的钱一起还了欠账还有部分节余。这成为第 3 个项目的启动资金。目前这个项目将近两年，是在 2015 年做的线上平台，上半年拿到了天使投资 100 万，去年的盈利情况是 30 万左右。收入来源于提供楼盘、车展、商场开业的礼仪、模特等兼职。公司发展一直定位于面向大学生市场，整个思路从开始到现在都没有改变。兼职平台一直在运行，但由于项目的地域性，需要团队和大量资金投入，在兼职市场行业标准还不清晰的情况下，决定在成都市场扎稳根。目前在省内大学生兼职企业中能排到前3名，现在兼职这个项目中还在开发一个大学生健康平台的大学生市场以社群吸引为主。

问：团队成员的分工是怎样的？

答：有财务部门、市场部门、技术部门、企宣部门和办公室。市场部负责对外对接企业，对内对接校院学生。技术部门是专门从事技术开发的团队，公司的APP就是公司自己的技术部门开发的，目前已单独成立一个科技公司。企宣部负责项目宣传，如公众号运营等。办公室由我和另一个创始人小梁负责。

问：有老师指导你们吗？

答：初期是环工院的老师，后来是校团委老师，再后来是商学院老师。

问：你在团队中的角色是什么样的？

答：创始人、法人代表。主要负责外部市场以及资源整合，接触学生、对接企业，另一个联合创始人小梁负责公司内部运作。

问：公司其他成员的身份是怎样，也是学生吗？

答：除了前面提到的几个在读学生和已经毕业的学生外，都是全职人员。

问：有借助互联网技术推销企业的方法吗？

答：公众号推广是直接利用互联网技术。另外有利用互联网思维运作企业，这点主要有两个举措：一是通过社群做宣传和推广，如在节日的时候举行活动，让客户了解公司，目的是增加客户粘度；二是给经常做兼职的学生提供福利，跟旅游的创业团队合作，提供给学生低价高质的旅游产品作为回馈。

问：团队成立到现在的优势有哪些，体现在哪些方面？

答：兼职没有太大的技术壁垒，主要体现在服务上，有专人跟进。目前成都地区大学生兼职的主要模式是办"兼职卡",好多学生不能及时拿到钱,但我们公司给学生提供的兼职回款快,不论我们跟商家之间是哪种结款方式,我们跟兼职的学生都是日结。提供的信息都是经过筛选的,保证真实性。

问:目前项目的用户量有多少?

答:几万,大多是大一、大二的本科生,研究生很少。他们大多想锻炼下自己,同时能挣点钱。

问:保证信息真实性成本很高,如何做到的?

答:成本主要是人力和客户维护上。专人(市场部)负责对接客户。对老客户会将他们的信息入库,优先将兼职信息给他们,商家活动剩余的礼品也会给他们。

问:兼职涉及的行业领域主要有哪些?

答:卖场、楼盘、车展等活动,富森美大型商场、新兴创业公司的宣传推广等。

问:听前面介绍创业中的波折和困难不少,是什么让你坚持到现在?

答:两个主要原因,一是从小的梦想。家里是做生意的,受到熏陶。开办公司是从小的梦想,小时候跟奶奶在市场里工作过,在父母招工的时候也参与过,还获得父母给的报酬。初中同学的留言册写预祝开办公司事业成功;高中其他同学忙着填志愿时,我给自己写下的是当公司董事长,高中时就跟老师一起开过辅导班。二是创业过程中为自己设定的目标在不断提高,达到目标后又激励自己,获得成就感,还有自信心的积累。

问:第一次创业失败时心态是怎样的,如何面对的?

答:第一次全面了解社会,之前没有经历过失败,一直顺风顺水,失败后招聘老师们的态度转变,让我深刻地体会到从"爷爷到孙子"的现实变化。总结失败的原因有很多,跟教育局、工商局、城管、幼儿园、合作方教学点的关系,竞争对手的原因,管理老师的原因,团队内部的原因。意识到商场上胜者为王,利益至上。

问:这个项目的核心成员还是最初创业时的核心成员吗?离开的人走的原因是什么?

答：大多数是最初创业的核心成员。离开的原因是大多数创业公司都经历的原因：内部利益分配。这对创业公司而言是个难题，没法公平，个人能力的角度无论是均分还是不均分都有人不满意。

问：对工作人员进行考核吗，业绩不好的时候怎么办，是否扣绩效？

答：我们自己定位仍是创业公司，有制度但还在不断完善。业绩不好跟具体部门有关，也跟行业有关，如淡季，业绩不好不扣钱，大家一起想办法增加公司收入。

问：你现在读研一，还是一名学生，创业对你的学业有影响吗？

答：对学习有影响，但体现在成绩上并不大。任课老师的看法和态度对自己有影响。因为创业在时间上不能保证每天都上课，回来后会跟老师沟通，大多数老师都能理解。创业对学习反而有促进作用，让自己有了攻克困难的信心，通过自己的努力突破困难，没有体现出负面的影响性，可能是正面的。

问：创业的体会是什么？

答：三点：一是坚信自己走创业这条路是对的，会不断努力和拼搏，付出和回报基本正相关，回报要么是金钱上的回报，要么是个人能力的提高；二是对社会有更清晰的认识，更理智地看事情，看到本质；三是个人能力的提升，懂得担当、付出和奉献，在成长中不断强化自我管理。

问：这个项目运作中跟顾客间影响最深刻的事是什么？

答：前年做了一个楼盘的客户，开始没有行业经验，不了解运作过程，客户不回款的时候只能采取不断催的方式，但效果不好。了解行业特性后，找到关键人物很快解决。这件事上总结了必须了解不同行业的规则，要清楚后才能行动，而且要把握好关键人物。

问：对学生尤其是女生创业的建议？

答：有想法、有实践经验的，鼓励创业，失败后还可退回学校。无论成功还是失败，付出就有回报。对女生创业，特别是毕业后要考虑家庭问题，刚开始一些很有能力投入程度也很高的女生，在成家后的理想和梦想就转变了。

问：毕业后对公司未来的发展规划是怎么样想的？是否全职做创业还

是做专业的同时兼顾？

答：一直在考虑公司未来的发展，依托大学生这个群体肯定不会变，现在做的横向健康平台也是增加学生用户粘度。主要是以饮品店为载体，将社会资源在店内做一些活动，提供给学生想要的东西。会全职创业。

问：有专门系统地学习管理方面的知识吗？

答：没有专门学习，都是自我学习，将自己定位为"莽汉"。自己会总结，遇到难题时会针对性地看书解决问题。

问：平时有没有其他的兴趣和爱好？

答：平时空闲时间很少。一般都在给自己充电、学习。看吴晓波等人的视频和了解他们的一些看法，学习王健林、马云的一些管理思想。

问：团队的决策程序是怎样的，如果出现意见分歧时怎么处理？

答：程序是某部门针对某项目由主管提交方案，供团队整体决策。出现分歧时看情况，如果是项目或方式上出现分歧，少数服从多数，但这种决策方式也会对企业产生影响。思维层面不一样，多数人的观点统一，尽管这时决策选择的方案并不是最佳，但创业团队还是以和谐为主。

问：现在公司是创业团队的管理模式，以后发展会不会考虑现代公司管理运营模式？

答：想去除掉传统的企业管理模式中的层级差异，创业团队没有层级，都是年轻人，让每个人发挥能动性是最主要的。

问：从小的创业想法和经历对现在创业起了重要影响，有没有特别重要的事件？

答：假期给别人打工的经历让自己产生以后不给别人打工的想法。干过土豆分箱的工作，干到中午12点下班，中午1点又要上班，没有自由，工作死板，老板还不给好脸色，干的是没有价值的事情，得不到别人认可。

问：收入是否稳定？不稳定的时候怎么克服？

答：不是太稳定，尤其是淡季。通过增加宣传增加用户粘度。业务分为主营业务——兼职平台和APP技术开发，副营业务主要是淡季时财务做代理记账。

创业者访谈实录 5

访问对象：阿文（化名）
访问地点：成都
访问时间：2016 年 10 月

问：请描述一下创业经历。

答：大二上期和能源学院几名同学在前校门开了一个小酒吧。其间有朋友在传媒公司上班做兼职，是传艺的学长，她原来在校礼仪队。他们经常需要平面模特，我就给他们联系校内的学生去。把学生和社会单位联系起来很有意思，后来做了一个团队，主要给科技公司、兼职公司和企业介绍毕业大学生，推荐他们在非招聘时间做面试，经营了半年，介绍了5个学长过去，不是特别赚钱。一开始想做成一个体系，但各方面知识比较短缺。再后来跟现在的合伙人开了一个文化传媒公司，到现在有一年半时间，经营还不错。业务有成都房地产、车展的品牌推广，路虎试驾活动。第一阶段的酒吧是跟能源学院的2名学生开的，只有自己一个女生，男生年纪小不认真，不能形成一个很好的团队，没有盈利，现在已经退出这个团队。第二阶段跟做广告活动的机构合作了半年，团队成员3人均为女生，但找不到一个切合点将所有资源用到一个点上，给广告公司招实习生是主要业务。通过微信和 QQ 推送招聘信息，签约后给推介费，但不可持续，只做了半年。创业需要一个平台，但当时没有这个系统实现校企双方沟通。对外只有自己一个人负责，其他两名成员负责对内，合作的公司有自己原来兼职的企业和家人介绍的，大概10个，数量不多，所以1年下来需要的员工不多。跟在校大学生合作有多种弊端，所以选择跟社会资源合作，他们有平台很成功。

问：请介绍一下团队情况。

答：第三阶段创业经历就是现在的团队，成员有4人，他们中1人原来是做销售的，1人原来在富士康做管理工作，1人原来做汽车销售，2男2女。合伙开的广告公司。主营业务中的车展、商场的资源都来自于原来的工作积累。其他成员中的女生都有社会兼职的工作经验，总的来说大学生创业很多弊端，光有热情，只有前几个月能坚持。

问：创业历程中的经验和教训有哪些？

答：回顾前面的失败教训，没有技术核心，公司需要做硬件和软件，没有人做；团队搭建也没有考虑全面，如果可以重新选择，愿意选择有硬件开发能力的男生，如果是女生能力要很强，有耐心，如整理资料，寻找关系人，联系企业。对外有一个支撑，如缺钱就要找投资来支撑。而且要评估事情进展的风险和收益。现在是找到了合适的团队。合伙人4人，员工11人，大部分是刚毕业的女大学生。

问：创业的初衷和原因是什么？

答：兼职挣到钱后就想创业，当时是"立白我是歌手"的成都站，挣了1万多觉得不错，父母每个月给的生活费是1000多块，想挣更多所以创业了。活动都用大学生，知道与大学生沟通的方式方法，让他们少些娇气，通过底薪等机制，也监督他们工作。自己在创业初期没有太大的优势，其他人更有经验。

问：创业的准备有哪些？

答：对前两段创业失败的反思。

问：对公司的定位和未来的发展设想是什么？

答：走创意公司的道路，业务转向提供点子好的创意。通过我们团队加些营销手段。

问：创业过程最艰苦的事是什么？

答：去年 5-7 月三个月没单子，4 个人出去跑业务，上午在公司做内部培训，下午出去谈合作。一年时间悉心经营，夏天给人送冰凉饮料，冬天给人送热咖啡，下雨给人撑把伞，经常在人楼下等人半天就是为了送一杯水，问候一句就闪人，其他啥话不说。真诚感动了对方，最终获得 1 万块活动的机会。经过用心做活动，让对方觉得我们这个没有任何背景和大型活动经验的年轻团队很踏实、敬业、靠谱，就介绍我们参与全国活动的竞标，最终和一个公司联合拿下这个项目。

问：创业过程最成功的事情是什么？

答：花了一年的时间获得路虎试驾，亏本做的一万多互动效果很好，路虎总部觉得团队不错真诚打动了他们。整个活动规模 1000 多万，跟另外一个公司合作，我们的公司能存活下来，且利润还在增长本身就是成功。

问：创业过程最主要的体会和收获有哪些？

答：困难时差点坚持不下去。一方面自己比较懒，没收入找业务时就像没头苍蝇不知道该找谁；另一方面，女生特别在遇上生理期时就更受不了了。但做成功一件事后有莫大的成就感，哪怕只是一千块的业务，对公司有贡献，起码大家这段时间的饭钱有着落了。还有就是跟客户做朋友，老一点的客户愿意跟我们分享他们的人生经验。其实我读大学是受家庭，尤其是父亲的影响，圆他小时候的大学梦。自己原来不喜欢看书，但一个客户说"活到老学到老"，他那么大年纪都坚持学习，他说年轻人不该被小看，靠自己努力获得想要的，所以现在喜欢看书。

问：女大学生创业最需要具备的要素是什么？

答：最需要坚持，遇到瓶颈期时尤其如此，很多人认为在外企或事业单位上班很稳定、很光荣，创业最需要的是坚持。因为创业很艰苦，不稳定，没收入是常事，经常在想接个单子能让大家的午饭有着落。

问：带团队工作的经验有哪些？

答：特别崇拜合伙人之一是原来做销售的那个男生，从他身上学到很多。从客户家庭做关系，低成本但高效益，让人觉得很有诚意。团队另一个女生也很不错，能全身心投入，即使在她爷爷去世时也坚持工作，工作时的状态完全看不出来，工作和生活完全分开。

问：互联网平台技术对公司的发展有何影响？

答：两个业务推广用到 APP。招聘主播，现在全民直播很火，我们的利润是中介费。公司在这块正在尝试如何发挥团队最大的优势。还有做演员工会。现在这个门槛低，是趋势。

问：公司在激烈竞争下存活的原因是什么？

答：坚持不懈，不分大小单，所有人都停不下来。有事做，客户介绍朋友，业务多。络绎不绝的小业务维持公司日常开销，大业务带来盈利。

问：这个过程中有能力有提升吗？

答：极短时间内了解行业，熟悉业务流程，了解所有的原料采购及报价、市场行情。在前面说到那个最终流标的项目筹备过程中认识的供应商现在跟公司长期合作，也算花了钱为公司发展进行的长远投资。

问：公司发展过程中个人角色和作用的变化是什么？

答：一开始是个小啰啰，成立公司大家出钱都一样，但因为我是学生，合伙人认为我资源少，经常回学校也没干什么活，所以我的股份要少一些。当时他们的选择不是非我莫属，但一直帮助我进入这个行业并给我成长的支持，自己很幸运。所以开始的时候畏手畏脚怕做错事，觉得我还是得为公司做点什么，就做自己能做的吧。就给每个我联系去兼职的学生打电话保证他们能去，保证我负责的工作不出问题。合伙人逐渐认识到我工作能力强，做事踏实。后来公司接到一个单子要做一个创意方案，我跟传艺的学生合作提交了一个设计方案，合伙人认为我有天赋，开始让我表达我的想法。

问：负责的管理工作是什么？

答：公司内部管理，也做外面的业务。在公司管理方面，懂年轻人，做的是公司制度和现实管理间的调和剂。扮演多种角色，关注、关心员工的工作和生活情况，相处愉快。在他们打卡的问题上是清楚的，但是暗示他们，比如说提醒他们这么早来了但是人呢，是去买早饭了吗，以后要注意不能集体买早饭否则就要扣钱了，他们也心知肚明没有下次。

问：公司衡量绩效的标准是？

答：不以利润衡量，将行业资源的数量和质量作为衡量公司绩效的标准。关注长期合作，哪怕当下没有现实的合作，只要有客户就大家一起上。公司有大数据库，每个人有自己客户的小数据库，分红不是完全按照股份，跟业绩有关。公司利润基本拿来分红，所以员工队伍比较稳定。

问：如何激励员工？

答：画饼，给他们愿景。告诉新员工，只要股东一致认为好，一年后就可获得分红。谈成业务的人的提成跟公司利润对半分，其他公司提成没这么高。

问：谈判组合有什么讲究？如何防止员工作假？

答：组合一般都是两人，目前没发现特别明显的员工作假问题，毕竟是小公司。但是，如果员工一直报账但没给公司提供任何有价值的资源就要分析原因及评估。

问：公司未来发展的可能困难？

答：小公司生存是前提，未来发展要学习大公司的先进经验。现在公司负责人在线上客户的公司中当副总，主要是学习公司运营的经验，也给公司揽些业务。

问：给有创业意愿的大学生提些建议吧。

答：1. 合伙人太重要。不能看关系，不能有个人成分。要看创业的能力，团队组合要完整。

2. 自己想清楚要有个坚定的信念，会有很多困难，需要毅力。记住自己走上这条路的初衷，随时做最坏的打算。

3. 不断地丰富自己。跟有文化有素养的人接触就要达到那个层面的人需要的修养、能力，遇到任何事情不能恼怒，不能生气。

创业者访谈实录 6

访问对象：阿兰（化名）
访问地点：成都
访问时间：2016 年 10 月

问：你毕业多少年了？在现在这个公司担任怎样的角色？

答：我 12 年毕业的，现在是市场总监，主要负责拓宽市场渠道，属于联合创始人。

问：在怎样的机遇之下想到要创业的？

答：因为我之前主要就是 IT 咨询，做 IT 咨询要适应出差，对于女生来说这不是一个很稳定的工作。后来我觉得北京挺好的，就选择了北京一家互联网公司。这个公司以前就做市场营销策划，发起过一个关于社会创新的平台。我的两个领导是做媒体传媒传播方向的，我觉得和我的发展方向不太一样，就选择了这个互联网融资。在这个过程中我通过接触互联网行业，咨询一些 MBA，认识了很多清华、北大的 MBA，14、15、16、17 届的都认识，然后就一起成了合伙人，合作了这样一个项目，目标锁定了，他们邀请我进来，加入这样一个团队。

问：你原来是学什么专业的？

答：我之前是学国际贸易，跟我的工作有很大的关系，我是加入之后过了两个月才开始跟我家人讲的。我的目标是既定的，我的家人不懂得要干什么，不过做咨询她们还是可以理解的，她们一直保持着不了解我在做什么的状态，然后就这样子了。

问：因为之前我们在做访谈的时候也有一个访谈对象在成都念的大学，毕业之后也是在成都创业，但是家人希望他能回家，因为家里有一些资源能够帮他找到一份稳定的工作。他现在就是面临着这种压力，但是您这边压力可能就要小一点？

答：没有，我家人其实一直有表达这个愿望。我老家在江苏，高中之后就一直在广州。我家有好几家亲戚都在广州，一放暑假或者放小长假就会回广州。我唯一的念头就是毕业后一定不要回广州工作，后来我想考研，所以就选择去北京，之后机缘巧合找工作去实习做了IT咨询。

问：当从职场走向创业给你最大信心的是什么？

答：当时我还在服务的平台是一份表面上特别好的工作。两个领导一个在美国一个在中国，都是麦肯锡和哈佛的背景，但是你会觉得表面和内心是有差距的。我会义务参与一些工作，提前参与，逐渐地了解到他们的一些生活，然后就到了一个临界点。人物我了解了，事情我也了解了，慢慢地发现创业对我的触动会很大。我们接触到很多创业公司，我们承担的清华创业大赛、MBA创业大赛，就是一个想法，一个点子，但是它想要发展起来是需要一些资源的，我们希望能够帮助那些有好的基础或者主意的公司进行更好更快的发展。

问：你们的第一桶金是什么？

答：我们主要是做市场渠道服务，会做一些利润的分成，有一个增量市场，会按照增量市场分成。每个创业公司有自己的产品和服务可以服务其他的创业公司，比如说APP的推广，我们做一些推广和公关等服务，合作伙伴可以购买这些服务。

问：创业过程比较辛苦，跟顾客发生印象深刻的事情是什么？

答：印象比较深刻的是我们经常做一些主营业务以外的事情，接触以后用户会产生一种信赖感。我举一个例子，有一个项目，做一个很核心的商业生产，有很多投资人想投钱，政府想和他们合作。聊了之后发现核心问题是他内部股权结构的问题。这个问题也不知道跟谁讲，所以就找到了我们。我们发现好几个公司都有这个问题，于是找到了我们的合伙人，最后解决了问题。

问：你觉得在处理事情之中最重要的一点什么？

答：是你能把这个事情落实，你要做一个快速的信息筛选，并且尽快反馈，这样对双方都特别好。还有就是你要对个人行为负责，创业是对个人是否有责任心的试金石，你应负责地去匹配供给和需求。

问：怎么去建立信任？

答：我们有清华的 MBA 资源创业大赛的承办方负责策划活动，还会参与指导课程加深信任度，在创业过程中去累积信任。我们是一个 B2B 的企业，跟各个企业和大型的机构都有合作。

问：现在有很多人做投资和银行信贷的私人贷款，你们呢？

答：今天我跟朋友也在聊，我们在不断接触中成长，投资、银行贷款参差不齐。有的时候这是一个比较乱的市场，在选择之前一定要考虑好每一个选择的结果，不一定拿钱最多的就好，要看对未来帮助最大的。现在创业启动资金是一个大问题，需不需要招机构去做启动资金的分红？找风头看背后的人能不能对你的事业有所帮助，可不可以参加融资，愿不愿意投资，能不能补你的短板，你的上下游产业链有多少融入链条。

问：你也是刚从学生时代走过来，现在大学有很多创业比赛，在学校的创业比赛、创业教育对大学生的创业工作有什么影响？

答：鼓励新生做创业计划，这是一个很好的契机。参加比赛去做一些商业的东西，比起在学校里看美剧要好一些，不管对以后工作还是创业都是有好处的。

问：目前大学生创业都会选择更个性化的东西，认为我只要把一个细分领域做好就很有优势。那么，你认为大学生创业的优势是什么？

答：作为女性在创业前期时，性格有一些优势，特别是亲和力、忍耐力对创业有很大帮助。

参考文献

［1］阿里研究院：《互联网+：从 IT 到 DT》，机械工业出版社 2015 年版。

［2］吴军：《浪潮之巅（第三版）》，人民邮电出版社 2016 年版。

［3］李亚员："当代大学生创业现状调查及教育引导对策研究"，《教育研究》2017 年第 2 期，第 65－72 页。

［4］魏莉莉："青年群体的代际价值观转变：基于 90 后与 80 后的比较"，《中国青年研究》2016 年第 10 期，第 64－75 页。

［5］施芸卿、罗滁：《全球化下的"90 后"大学生：数字化生存与文化、物质消费——"90 后"大学生的数字化生存》，《青年研究》2014 年第 6 期，第 1－4 页。

［6］胡贝贝、王胜光、任静静："互联网时代创业活动的新特点——基于创客创业活动的探索性研究"，《科学学研究》2015 年第 10 期，第 1520－1527 页。

［7］王一涛、王磊、李文杰："个人背景和企业家特质对大学生创业倾向的影响分析"，《高等工程教育研究》2013 年第 4 期，第 98－102 页。

［8］徐占东、陈文娟："大学生创业特质、创业动机及新创企业成长关系研究"，《科技进步与对策》2017 年第 2 期，第 51－57 页。

［9］王春雅、陶雷、吴孙德等："国内大学生创业教育研究述评"，《价值工程》2017 年第 1 期，第 236－238 页。

［10］姜伟："论创业教育中教学实践化和评价的辩证统一",《中国高等教育》2017 年第 5 期,第 47－50 页。

［11］王艳："创业理论与创业实践有机结合——评《如何教创业：基于实践的百森教学法》",《财经科学》2017 年第 2 期,第 133 页。

［12］李明章、代吉林："我国大学创业教育效果评价——基于创业意向及创业胜任力的实证研究",《国家教育行政学院学报》2011 年第 5 期,第 79－85 页。

［13］Timmons J A, Spinelli S. New venture creation: entrepreneurship for the 21st century［M］. McGraw-Hill/Irwin, 2011.

［14］Bruyat C, Julien P A. Defining the field of research in entrepreneurship［J］. Journal of Business Venturing, 2001, 16（2）: 165－180.

［15］木志荣：《大学生创业胜任力研究》,厦门大学出版社 2008 年版。

［16］傅颖、斯晓夫、陈卉："基于中国情境的社会创业：前沿理论与问题思考",《外国经济与管理》2017 年 3 期,第 40－50 页。

［17］Chandler G N, Hanks S H. Founder Competence, the Environment, and Venture Performance［J］. Entrepreneurship Theory & Practice, 1994（3）: 77－89.

［18］沈鑫泉："大学生回乡创业与地方企业互动研究",《中国青年研究》2014 年第 6 期,第 87－90 页。

［19］Mcclelland D C. Testing for competence rather than for "intelligence"［J］. Am Psychol, 1973, 28（1）: 1－14.

［20］Spencer L M, Spencer S M. Competence at work: models for superior performance［M］. Wiley, 1993.

［21］Markman G D, Baron R A. Person-entrepreneurship fit: why some people are more successful as entrepreneurs than others［J］. Human Resource Management Review, 2003, 13（2）: 281－301.

［22］王重鸣、陈民科："管理胜任力特征分析：结构方程模型检验",《心理科学》2002 年第 5 期,第 513－516, 637 页。

[23] 时勘、王继承、李超平:"企业高层管理者胜任特征模型评价的研究",《心理学报》2002 年第 3 期,第 306 – 311 页。

[24] 叶龙、张文杰、姜文生:"管理人员胜任力研究",《中国软科学》2003 年第 11 期,第 96 – 99 页。

[25] 魏钧、张德:"国内商业银行客户经理胜任力模型研究",《南开管理评论》2005 年第 6 期,第 4 – 8 页。

[26] 樊宏、韩卫兵:"构建基于胜任力模型的评价中心",《科学学与科学技术管理》2005 年第 10 期,第 110 – 113 页。

[27] 赵曙明、杜娟:"基于胜任力模型的人力资源管理研究",《经济管理》2007 年第 6 期,第 16 – 22 页。

[28] 朱炳文:"胜任力模型在民族地区政府人力资源管理体系中的应用",《科学管理研究》2015 年第 3 期,第 96 – 99 页。

[29] 陈建安、金晶、法何:"创业胜任力研究前沿探析与未来展望",《外国经济与管理》2013 年第 9 期,第 2 – 14 页。

[30] Rao M S S. The Entrepreneurial Competency Index:An Assessment Tool for Financial Institutions [J]. Journal of Entrepreneurship, 1997, 6 (2): 197 – 208.

[31] THOMAS LANS, WIM HULSINK, HERMAN BAERT, et al. ENTREPRENEURSHIP EDUCATION AND TRAINING IN A SMALL BUSINESS CONTEXT:INSIGHTS FROM THE COMPETENCE-BASED APPROACH [J]. Journal of Enterprising Culture, 2008, 16 (04): 363 – 383.

[32] Neely M A, Others A. Manual and Guide:Analogous Competency Assessment. [J]. Administration, 1978:111.

[33] Tantawutho V. Development of Professiopnal Competency Standards of Occupational Health Nurses in Industrial Enterprises [J]. IEEE Transactions on Communications, 1986, 31 (2): 183 – 189.

[34] Cleveland G, Schroeder R G, Anderson J C. A Theory of Production Competence [J]. Decision Sciences, 1989, 20 (4): 655 – 668.

[35] Roos J. Formation of Cooperative Ventures:Competence Mix of the

Management Teams [J]. Management International Review, 1990, 30.

[36] Coombs R. Core competencies and the strategic management of R&D [J]. R & D Management, 1996, 26 (4): 345 - 355.

[37] Sanchez R, Heene A, Thomas H. Dynamics of competence-based competition: Theory and practice in the new strategic management [J]. Long Range Planning, 1996, 30 (1): 141 - 141.

[38] Losey M R. Mastering the competencies of HR management [J]. Human Resource Management, 1999, 38 (2): 99 - 102.

[39] Chung B, HsiChien. A study on development of management competency of local middle-level managers in Taiwanese's Corporations in China [J]. Human Resource Management, 2002.

[40] Huyghebaert N, Gucht L M V D. Incumbent strategic behavior in financial markets and the exit of entrepreneurial start - ups [J]. Strategic Management Journal, 2004, 25 (7): 669 - 688.

[41] Rasmussen E, Mosey S, Wright M. The Evolution of Entrepreneurial Competencies: A Longitudinal Study of University Spin - Off Venture Emergence [J]. Journal of Management Studies, 2011, 48 (6): 1314 - 1345.

[42] Dufays F, Huybrechts B. Where Do Hybrids Come from? Entrepreneurial Team Heterogeneity as an Avenue for the Emergence of Hybrid Organizations [J]. International Small Business Journal, 2016, 34 (6): 24 - 27.

[43] Mol E D, Khapova S N, Elfring T. Entrepreneurial Team Cognition: A Review [J]. International Journal of Management Reviews, 2015, 17 (2): 232 - 255.

[44] 林剑、张向前："代际传承视角下家族企业继任者胜任力分析"，《华东经济管理》2013年第10期，第140 - 144页。

[45] 潘建林、金杨华："电子商务个体经营者三层次五维度创业胜任力指标体系研究——基于浙江、广东两省实证分析"，《科技管理研究》2015年第4期，第167 - 173, 192页。

[46] 黄永春、雷砺颖："新兴产业创业企业家的胜任力结构解析——

基于跨案例分析法",《科学学与科学技术管理》2016 年第 10 期,第 130 - 141 页。

［47］Man T W Y, Lau T, Chan K F. The competitiveness of small and medium enterprises: A conceptualization with focus on entrepreneurial competencies ［J］. Journal of Business Venturing, 2002, 17（2）: 123 - 142.

［48］戴鑫、覃巧用、杨雪等:"创新创业初期成功者的胜任力特征及影响因素——基于 2015 年'福布斯中国 30 位 30 岁以下创业者'的分析",《教育研究》2016 年第 12 期,第 89 - 96 页。

［49］薛志谦:"我国青年创业扶持政策的现状、价值及优化",《中国青年研究》2017 年第 2 期,第 84 - 89 页。

［50］李小玲、叶平浩、余丽君:"'互联网+'时代大学生创业的机遇及影响因素分析",《学习与实践》2016 年第 5 期,第 82 - 85 页。

［51］郭润萍、蔡莉:"转型经济背景下战略试验、创业能力与新企业竞争优势关系的实证研究",《外国经济与管理》2014 年第 12 期,第 3 - 12 页。

［52］吴俊清、朱红、朱敬:"大学生创业者与企业家关于创业的认知差异分析——基于反求工程的创业教育研究",《高等工程教育研究》2011 年第 1 期,第 78 - 82 页。

［53］Knapp M T, Breitenecker R J, Khan D M S. Achievement Motivation Diversity and Entrepreneurial Team Performance: The Mediating Role of Cohesion ［J］. European J of International Management, 2015, 9（5）.

［54］Covin J G, Slevin D P. A Conceptual Model of Entrepreneurship as Firm Behavior ［J］. Social Science Electronic Publishing, 1991, 16.

［55］蔡莉、单标安:"创业网络对新企业绩效的影响——基于企业创建期、存活期及成长期的实证分析",《中山大学学报（社会科学版）》2010 年第 4 期,第 189 - 197 页。

［56］潘清泉、韦慧民:"不同发展阶段新创企业创业者胜任力与创业团队成员信任关系研究",《科技进步与对策》2016 年第 1 期,第 114 - 120 页。

[57] 郝喜玲、朱兆珍:"创业者元认知监控、失败学习与团队创业精神关系研究",《科技进步与对策》2016年第12期,第16-22页。

[58] 李新春、梁强、宋丽红:"外部关系—内部能力平衡与新创企业成长——基于创业者行为视角的实证研究",《中国工业经济》2010年第12期,第97-107页。

[59] 何正亮、龙立荣:"基于新生企业发展阶段的动态角色匹配",《管理学报》2013年第6期,第868-874页。

[60] 汤敏、刘玉邦、曾川:"互联网+背景下女大学生创业胜任力理论分析框架研究",《西南民族大学学报(人文社会科学版)》2017年第6期,第194-200页。

[61] 赵海涛:"胜任力理论及其应用研究综述",《科学与管理》2009年第4期,第15-18页。

[62] Rasmussen E, Mosey S, Wright M. The influence of universitydepartments on the evolution of entrepreneurial competencies in spin-off ventures [J]. Research Policy, 2014, 43 (1): 92-106.

[63] 刘亚军、陈进:"创业者网络能力、商业模式创新与创业绩效关系的实证研究",《科技管理研究》2016年第18期,第224-231页。

[64] Smith D A, Lohrke F T. Entrepreneurial network development: Trusting in the process [J]. Journal of Business Research, 2008, 61 (4): 315-322.

[65] 柳青、蔡莉:"新企业资源开发过程研究回顾与框架构建",《外国经济与管理》2010年第2期,第9-15页。

[66] Carolis D M D, Saparito P. Social Capital, Cognition, and Entrepreneurial Opportunities: A Theoretical Framework [J]. Entrepreneurship Theory & Practice, 2006, 30 (1): 41-56.

[67] 李向红:"电子商务商业新模式OTO的研究与分析",《现代管理科学》2012年第8期,第119-120页。

[68] Ardichvili A, Cardozo R, Ray S. A Theory of Entrepreneurial Opportunity Identification and Development, Journal of Business Venturing, Jg. 18,

S. 105 – 123 [J]. Journal of Business Venturing, 2003, 18 (1): 105 – 123.

[69] 杨俊、张玉利、刘依冉：" 创业认知研究综述与开展中国情境化研究的建议"，《管理世界》2015 年第 9 期，第 158 – 169 页。

[70] 陈文沛：" 关系网络与创业机会识别：创业学习的多重中介效应"，《科学学研究》，2016 年第 9 期，第 1391 – 1396 页。

[71] 王飞、姚冠新：" 大学生创业机会识别能力提升研究"，《国家教育行政学院学报》2014 年第 8 期，第 57 – 60 页。

[72] 姜萍：" 大学生社会网络、创业警觉性与创业机会识别的关系研究"，吉林大学，2015。

[73] 王沛、陆琴：" 创业警觉性、既有知识、创业经历对大学生创业机会识别的影响"，《心理科学》2015 年第 1 期，第 160 – 165 页。

[74] 徐凤增：" 创业机会识别与杠杆资源利用研究"，山东大学，2008。

[75] Baron R A. The cognitive perspective: a valuable tool for answering entrepreneurship's basic "why" questions [J]. Journal of Business Venturing, 2004, 19 (2): 221 – 239.

[76] Baron, R. A. Opportunity recognition as pattern recognition: how entrepreneurs "connect the dots" to identify new business opportunities [J]. Academy of Management Perspectives, 2006, 20 (1): 104 – 119.

[77] 高文娟、陈然、汪梦珊等：" 大学生创业调查：积累经验看准商机再创业"，《光明日报》2017 年 4 月 1 日，第 7 版。

[78] 斯晓夫、王颂、傅颖：" 创业机会从何而来：发现，构建还是发现 + 构建？——创业机会的理论前沿研究"，《管理世界》2016 年第 3 期，第 115 – 127 页。

[79] Beckman C M, Burton M D. Founding the Future: Path Dependence in the Evolution of Top Management Teams from Founding to IPO [M]. INFORMS, 2008.

[80] 朱秀梅、蔡莉、陈巍等：" 新创企业与成熟企业的资源管理过程比较研究"，《技术经济》2008 年第 4 期，第 22 – 28 页。

[81] 刘玉国、王晓丹、尹苗苗等:"互联网嵌入对创业团队资源获取行为的影响研究——创业学习的中介作用",《科学学研究》2016年第6期,第916-922页。

[82] 马化腾:《互联网+国家战略行动路线图》,中信出版集团2015年版。

[83] 莫寰:"女性创业胜任力的阶段特征及其与成长绩效的关系研究",浙江大学,2013。

[84] 彭伟、段小燕:"我国创业板上市企业成长脆弱性机理分析",《科技管理研究》2013年第16期,第206-209页。

[85] 万龙:"政府促进大学生就业:切入点与配套政策",西南财经大学,2012。

[86] 罗珉、李亮宇:"互联网时代的商业模式创新:价值创造视角",《中国工业经济》2015年第1期,第95-107页。

[87] 华斌、陈忠卫:"高管团队凝聚力、冲突与组织绩效——基于创业过程的研究",《当代财经》2013年第12期,第69-78页。

[88] 朱晓婧、王端旭:"团队内冲突的过程研究述评",《科技管理研究》2010年第3期,第200-201,213页。

[89] 潘安成、李鹏飞:"从人际交往中产生战略性创业实践:一个企业创业的案例跟踪探究",《管理学报》2015年第12期,第1754-1763页。

[90] 朱苏丽、谢科范:"创业团队风险决策的修正效应与影响因素",《科技进步与对策》2012年第3期,第141-145页。

[91] Elizabeth Chell, Susan Baines. Networking, entrepreneurship and microbusiness behaviour [J]. Entrepreneurship & Regional Development, 2000, 12 (3): 195-215.

[92] Das T K, Teng B S. Time and entrepreneurial risk behavior [J]. Entrepreneurship Theory & Practice, 1997, 22.

[93] T Man T W Y, Lau T, Chan K F. The competitiveness of small and medium enterprises: A conceptualization with focus on entrepreneurial competen-

cies [J]. Journal of Business Venturing, 2002, 17 (2): 123 - 142.

[94] Obschonka M, Silbereisen R K, Schmitt-Rodermund E. Entrepreneurial intention asdevelopment outcome [J]. IEEE Engineering Management Review, 2016, 44 (1): 92 - 92.

[95] Zhang C, Tan J, Tan D. Fit by adaptation or fit by founding? A comparative study of existing and new entrepreneurial cohorts in China [J]. Strategic Management Journal, 2016, 37 (5): 911 - 931.

[96] Wu J. Asymmetric roles of business ties and political ties in product innovation [J]. Journal of Business Research, 2011, 64 (11): 1151 - 1156.

[97] Li H, Zhang Y. The Role of Managers' Political Networking and Functional Experience in New Venture Performance: Evidence from China's Transition Economy [J]. Strategic Management Journal, 2007, 28 (8): 791 - 804.

[98] 袁勇志、李佳:"企业家社会网络与初创企业绩效关系的实证研究",《科技管理研究》2013 年第 4 期, 第 175 - 179, 185 页。

[99] 吴挺、王重鸣:"互联网情境下的创业行动、信息获取和新创绩效——来自苹果应用商店的证据",《科学学研究》2016 年第 2 期, 第 260 - 267 页。

[100] 薛文婷:"交互记忆系统、团队主动性对创业团队创新绩效的影响研究", 浙江理工大学, 2016。

[101] Medsker G J, Williams L J, Holahan P J. A review of current practices for evaluating causal models in organizational behavior and human resources management research [J]. Journal of Management, 1994, 20 (2): 439 - 464.

[102] 周键:"团队协作、管理强度与创业企业成长——一个跨案例研究",《经济管理》2016 年 2 期, 第 47 - 56 页。

[103] 胡桂兰、梅强、朱永跃:"创业团队对创业绩效的影响研究——基于 78 个网络创业团队的调查分析",《科技管理研究》2010 年第 6 期, 第 157 - 159, 163 页。

[104] Peng M W, Luo Y. Managerial Ties and Firm Performance in a Transition Economy: The Nature of a Micro-Macro Link [J]. Academy of Man-

agement Journal, 2000, 43 (3): 486 – 501.

[105] Leung A. Different ties for different needs: Recruitment practices of entrepreneurial firms at different developmental phases [J]. Human Resource Management, 2003, 42 (4): 303 – 320.

[106] 张伯旭、李辉:"推动互联网与制造业深度融合——基于'互联网+'创新的机制和路径",《经济与管理研究》2017 第 2 期,第 87 – 96 页。

[107] 陈爱民:《互联网+:人人都能看懂的互联网+转型攻略》,北京工业大学出版社 2015 年版。

[108] 刘裕、刘俊俊、项光辉:"大学生'互联网+'创业倾向影响因素的实证研究",《教育研究与实验》2016 年第 5 期,第 86 – 92 页。

[109] 许佳荧、张化尧:"共性资源联盟与'互联网+'创业——基于创业者视角的多案例分析",《科学学研究》2016 年第 12 期,第 1830 – 183 页。

[110] Aaijaz N, Ibrahim D B, Ahmad G. From Learners to Entrepreneurs: A Study on the Inclination of University Students Towards Entrepreneurship as a Career Option and the Role of Education [J]. BNWL [reports]. U. S. Atomic Energy Commission, 2012, 5 (9): 48 – 58.

[111] Ng J C Y, Huang M M D, Liu Y. The 'feminine' entrepreneurial personality trait: The competitive advantage of female college-student entrepreneurs in Chinese wei-shang, businesses? [J]. Asian Business & Management, 2016, 15 (5): 1 – 27.

[112] 沈黎、徐治文、翟访平:"被神化了的 O2O?",《中国制衣》2014 年第 2 期,第 48 – 51 页。

[113] 张宏:"创业团队价值观异质性、团队冲突与团队凝聚力关系研究",《科学管理研究》2014 年第 2 期,第 90 – 93 页。

[114] 戴维奇:"'战略创业'与'公司创业'是同一个构念吗?——兼论中国背景下战略创业未来研究的三个方向",《科学学与科学技术管理》2015 年第 9 期,第 11 – 20 页。

[115] 朱玉红、邵园园、周甲武："大学生创业社会资本的测量及其培育——以长三角地区普通本科高校为例"，《教育研究》，2015（5）：64-72。

[116] 曹文宏："'双创'背景下当前青年创业问题探析"，《中国青年研究》2016年第4期，第5-9，39页。

[117] 赵宇翔、陈立："面向大学生创业的众筹模式运用：基于扎根理论的分析"，《科技进步与对策》2016年第17期，第131-138页。

[118] 张振华："创业团队胜任力结构与创业绩效的关系研究"，《当代经济研究》2009第12期，第22-25页。

[119] 马红民、李非："创业团队胜任力与创业绩效关系探讨"，《现代管理科学》2008年第12期，第45-46，98页。

[120] 王红军、陈劲："科技企业家创业胜任力及其与绩效关系研究"，《科学学研究》2007年第S1期，第147-153页。

[121] 朱建飞："基于胜任力模型视角的大学生创业研究"，《教育与职业》2015年第17期，第87-89页。

[122] 张菡："创业团队胜任力研究述评"，《西南农业大学学报（社会科学版）》2011年第7期，第30-31页。

[123] 郝丽阳：中国网民规模达7.31亿，与欧洲人口总量相当，http://www.cnnic.cn/hlwfzyj/fxszl/fxswz/201701/t20170122_66457.htm。

[124] 清华经管学院中国创业研究中心发布《全球创业观察中国报告（2015/2016）》，http://www.sem.tsinghua.edu.cn/news/xyywcn/5449.html。

[125] 左文敬："吉林省高校创业教育的模式研究"，《中国大学生就业》2015年第19期，第54-58页。

[126] 夏人青、罗志敏："论高校人才培养框架下的创业教育目标——兼论高校创业教育课程的设置"，《复旦教育论坛》2010年第6期，第56-60页。

[127] 王贤国：《大学生创业教育教程》，辽宁师范大学出版社2006年版。

[128] 王莹：《大学生就业与创业指导概论》，辽宁大学出版社2012

年版。

［129］胡霞："社会网络对大学生创业机会识别的影响研究"，《东方企业文化》2015 年第 5 期，第 317 - 318 页。

［130］吉峰、张婷、巫凡："大数据能力对传统企业互联网化转型的影响——基于供应链柔性视角"，《学术界》2016 年第 2 期，第 68 - 78，326 页。

［131］于平："以新常态为引领实现中国经济提速增效升级"，《长春市委党校学报》2015 年第 2 期，第 13 - 16 页。

［132］冯华、杜红："创业胜任力特征与创业绩效的关系分析"，《技术经济与管理研究》2005 年第 6 期，第 17 - 18 页。

［133］陈燕妮、Jaroensutiyotin Jiraporn："创业机会识别的整合视角"，《科技进步与对策》2013 年第 2 期，第 4 - 8 页。

［134］林嵩、姜彦福、张帏："创业机会识别：概念、过程、影响因素和分析架构"，《科学学与科学技术管理》2005 年第 6 期，第 128 - 132 页。

［135］许小艳、李华晶："基于复杂适应系统理论的创业机会识别与开发过程研究——以桑德集团为例"，《中国科技论坛》2017 第 2 期，第 178 - 185 页。

［136］刘兴亮、张小平：《创业 3.0：共享定义未来》，电子工业出版社 2017 年版。

［137］于晓宇、李雅洁、陶向明："创业拼凑研究综述与未来展望"，《管理学报》2017 年第 2 期，第 306 - 316 页。

［138］郭策："世界 500 强企业招聘最看中三大素质"，《职业》2008 年第 1 期，第 16 - 17 页。

［139］王吉斌、彭盾：《互联网 +：传统企业的自我颠覆组织重构管理进化与互联网转型》，机械工业出版社 2015 年版。

［140］张瑞敏：大型企业在互联网时代必须要转型，http：// xinhuanet. com/fortune/2016 - 11/24/c_135855153. htm。

［141］杨渭生："创业教育的定位与教学方法"，《杭州师范学院学

报》1994年第5期,第13页。

[142] 李亚婷:阿里联姻百联集团 双方的诉求是什么?新浪科技,http://tech.sina.com.cn/i/2017-02-20/doc-ifyarrcc8173966.shtml。

[143] 周建:"新经济背景下合资企业与战略联盟的区别",《管理科学》2002年第5期,第2-8页。

[144] 范颖、周庆山:"移动互联网商业生态系统的竞争与更迭——基于'移动梦网'和'应用商店'的对比分析",《图书情报工作》2014年第10期,第24-28页。

[145] 高峻峰、银路:"基于生命周期的网络企业商业模式研究——以腾讯公司和金山软件公司为例",《管理学报》2011年第3期,第348-355页。

[146] 摩拜单车官方网站,http://mobike.com/cn/。

[147] ofo官方网站,http://www.ofo.so/#/。

[148] a. b. art One × ofo小黄车疯玩跨界 共寻又美又酷的你,http://news.ifeng.com/a/20170526/51166462_0.shtml。

[149] 赵隽杨等:"共享单车改变生活",《商业周刊(中文版)》2017年第8期,第56-83页。

[150] 埃森哲.2017年人工智能发展报告。

[151] 卡萝塔·佩蕾丝:《技术革命与金融资本:泡沫与黄金时代的动力学》,中国人民大学出版社2007年版。

[152] 吴军:《智能时代:大数据与智能革命重新定义未来》,中信出版集团2016年版。

[153] 李开复、王咏刚:《人工智能》,文化发展出版社2017年版。

[154] 程靖:"创业胜任力与创业绩效关系研究",广东商学院,2013。

[155] 刘广、余文博、韩啸:"大学科技园促进高校师生科技创新创业研究",《价值工程》2014年第36期,第241-243页。

[156] 范晓光、杨欣虎、孙波:"大学生创业胜任力及其养成",《中国冶金教育》2011年第2期,第87-89页。

[157] 卢伟峰:"吉林省高校大学生创业教育研究",吉林农业大

学，2013。

［158］汪洋、许宏杰："基于隐形冠军角度的创业企业战略选择研究"，《经济与管理研究》2014 年第 8 期，第 88－95 页。

［159］董永杰："蕴含区域风险因素的中小企业信用风险评价问题研究"，山东财经大学，2014。

［160］张凤娟："科技型新创企业创业者创业胜任力模型研究"，江南大学，2010。

［161］苏德中："解密成功创业者"，《哈佛商业评论》2016 年第 8 期，第 22－23 页。

［162］喻晓马、程宇宁、喻卫东：《互联网生态：重构商业规则》，中国人民大学出版社 2016 年版。

［163］吴军：《硅谷之谜》，《人民邮电出版社》2016 年版。